Le Dee Oscure

Svela il potere segreto
di Lilith, Morrigan, Hekate e altre divinità antiche,

Con rituali, esercizi e meditazioni
per sbloccare la Dea che è in Te.

TEMPLUM DIANAE

- MEDIA -

templumdianae.com

contenuti inclusi

Congratulazioni per aver ricevuto questo libro!
Se vuoi attrarre e manifestare più Amore e Abbondanza e scoprire argomenti e spiritualità, unisciti alla comunità di Templum Dianae e ricevi gli MP3 di meditazione guidata per risvegliare il tuo sé interiore.

Questa meditazione guidata è pensata per manifestare il vostro sogno interiore nella vita quotidiana.

Seguire questo link
templumdianae.com/bookmp3/

SE NON CONOSCI TEMPLUM DIANAE

Viandante, se hai preso in mano questo libro, non è per caso. Siete state chiamate. Permettetemi di essere molto chiaro: quello in cui state per immergervi non è una vaporosa esplorazione della femminilità divina, tutta rose e fiori. Si tratta di vero potere. Si tratta di entrare nell'energia oscura e cruda delle dee che sono state temute, venerate e fraintese per secoli. Se siete qui in cerca di conforto, non lo troverete. Ma se siete qui per sbloccare la parte di voi stessi che è rimasta sepolta sotto gli strati di aspettative, dubbi e paure... allora continuate a leggere.

Questo libro aprirà le porte della vostra anima e vi mostrerà il potere delle Dee Oscure: Lilith, *Hekate, Morrigan* e molte altre. Queste dee non coccolano. Sfidano, provocano e costringono a confrontarsi con le parti di sé da cui si è fuggiti. E siamo onesti: non siete scappati abbastanza? Siete qui perché manca qualcosa nella vostra vita. Volete qualcosa di più della semplice sopravvivenza. Volete prosperare, attrarre l'abbondanza e stare veramente nel vostro potere.

Permettetemi di essere schietto. Troppi libri promettono trasformazioni e poi deludono. Qui non succederà. Questo non è per i deboli di cuore o per chi si impegna a metà. Questo libro, *Dee oscure: Unveil the Secret Power of Lilith, Morrigan, Hekate, and More to Unlock Your Inner Goddess*, è la vostra porta d'accesso alla trasformazione - se siete pronti a reclamarla.

Ora, potreste chiedervi: *perché dovrei fidarmi di questo libro? Cosa lo rende diverso da tutte le altre promesse vuote?* La risposta sta nella fonte. Questo libro è stato realizzato da **Templum Dianae Media**, un progetto nato dal **blog Templum Dianae**, un'autorità nel campo della stregoneria, delle pratiche pagane e del risveglio spirituale dal 2013. Non è una piattaforma online a caso, Templum Dianae è *scritto da streghe, per streghe.* È una comunità, un movimento e una forza che sta cambiando la vita da oltre dieci anni.

Entriamo nei fatti. Oltre **247.000 persone ogni mese** entrano in contatto con il materiale creato da Templum Dianae attraverso tutti i canali. Si tratta di centinaia di migliaia di persone che imparano, crescono e si trasformano grazie ai nostri libri, blog e insegnamenti. E non si tratta solo di teoria, ma di risultati reali. Ogni anno pubblichiamo centinaia di libri in **sei lingue**, diffondendo la saggezza antica e le intuizioni moderne in tutto il mondo. Facciamo rivivere grimori perduti da tempo e pubblichiamo guide all'avanguardia per aiutare donne come voi a raggiungere il loro pieno potere.

Siete ancora scettici? Permettetemi di condividere alcune testimonianze di donne che sono entrate in contatto con il Templum Dianae e hanno assistito a grandi trasformazioni nella loro vita.

"Prima di trovare il Templum Dianae, ero bloccata spiritualmente, finanziariamente ed emotivamente. Ma dopo essermi immersa nei loro materiali, tutto è cambiato. Non solo mi sono sentita più connessa a me stessa e alla mia spiritualità, ma la mia attività è decollata. Ora sto guadagnando più soldi di quanto avessi mai immaginato". - Alessandra, imprenditrice

"Il Templum Dianae mi ha aiutato a capire che non ero distrutta. Avevo solo bisogno di riconnettermi con il mio vero potere. Da quando

*ho seguito i loro rituali e la loro guida, ho manifestato più abbondanza e
ho trovato l'amore che desideravo da tempo".* - Helena, guaritrice

Queste non sono storie isolate. Migliaia di donne, proprio come
voi, hanno trovato la loro vita trasformata dagli insegnamenti e
dai rituali del Templum Dianae. E ora tocca a voi. Ma il punto è
questo: dovete essere disposte *a fare il lavoro*. Non si tratta di
accendere una candela e sperare nel meglio. Si tratta di
immergersi profondamente nell'oscurità, affrontare le proprie
ombre e liberare la dea che è in noi.

**Le dee di questo libro - Lilith, Hekate, Morrigan, Medusa, Kali
e altre ancora - non sono figure passive e protettrici. Sono
guerriere, streghe e governanti dei regni invisibili. Vi
spingeranno ad abbracciare le parti di voi stesse che la società
vi ha detto di nascondere. Vi chiederanno di onorare i vostri
desideri, le vostre ambizioni e le vostre verità più profonde.**

Se siete pronte a entrare in questo potere, continuate a leggere.
Se siete pronte a entrare in contatto con le dee che incarnano
l'indipendenza, la forza, la trasformazione e la feroce energia
femminile, questo è il vostro percorso.

Siamo onesti, Wayfarer: non hai preso questo libro perché ti senti
a tuo agio. Siete qui perché vi *manca* qualcosa. Forse è la fiducia
in te stesso, il tuo senso dello scopo, la tua capacità di attrarre ciò
che vuoi. Forse è una connessione più profonda con la vostra
spiritualità. Qualunque cosa sia, questo libro vi aiuterà a
trovarla. Ma solo se vi impegnerete.

Il Templum Dianae offre insegnamenti trasformativi fin dalla
sua nascita. Con **centinaia di libri pubblicati ogni anno** e una
comunità globale in continua crescita, siamo il ponte moderno
verso l'antica saggezza. La nostra missione è semplice: mettere in
grado le streghe, i cercatori e i guerrieri spirituali di abbracciare
il loro pieno potenziale.

Ora è il momento di decidere. Risponderete alla chiamata? Affronterete il viaggio attraverso l'oscurità, per incontrare le dee che vi aspettano per guidarvi verso il vostro potere?

La scelta è vostra. Ma ricordate questo: la Dea Oscura non aspetta il permesso. È già dentro di voi, in attesa che la risvegliate. Questo libro è il vostro invito al risveglio. Non chiudetelo. Non voltatevi dall'altra parte. La vostra trasformazione inizia ora.

ÍNDICE

Contenuti

LA DEA INTERIORE

Nel corso degli annali della storia umana, le enigmatiche figure delle Dee Oscure si sono trovate al crocevia tra paura e venerazione. Ammantate di mistero, le loro origini, i loro ruoli e i loro veri poteri hanno affascinato e inquietato le civiltà di tutto il mondo. Queste potenti divinità, spesso associate agli aspetti oscuri dell'esistenza, rappresentano la dualità insita nella psiche umana: l'equilibrio tra creazione e distruzione, luce e oscurità, paura e potere.

Dalle coste tempestose delle terre celtiche ai deserti arroventati dal sole dell'Egitto, ogni cultura ha raccontato storie di dee formidabili che incarnano le forze profonde della natura e dell'universo. In alcuni pantheon, queste dee oscure erano tenute in maggiore considerazione rispetto alle loro controparti benevole, non solo per paura ma per un profondo rispetto della loro innegabile influenza sulla vita e sulla morte. Invocare i loro nomi significava riconoscere il potere crudo e sfrenato che plasma il nostro mondo e la nostra interiorità.

Questo libro è un'esplorazione, un viaggio nei regni archetipici di queste Dee Oscure. Ci addentreremo in ciò che le rende così potenti e significative, sia nell'antichità sia per i ricercatori contemporanei della saggezza spirituale. Esaminando i loro miti, i loro simboli e le culture che le hanno venerate, ci proponiamo di svelare gli aspetti nascosti del divino femminile che sono stati soppressi o fraintesi nel corso dei secoli.

Inoltre, collegheremo questi antichi archetipi ai moderni concetti psicologici, come la teoria del sé ombra di Carl Jung. Proprio come Jung proponeva che abbracciare la nostra ombra è essenziale per la crescita personale, così anche impegnarsi con le Dee Oscure può facilitare una comprensione più profonda di noi stessi. Affrontando e integrando questi aspetti dell'ombra, apriamo la porta alla nostra dea interiore, fonte di profonda forza, intuizione e trasformazione.

Il nostro viaggio ci porterà attraverso i ricchi arazzi delle mitologie greca, egizia, mesopotamica, slava, indù, africana, celtica e norrena. A differenza di molti studi che si concentrano esclusivamente sulle narrazioni mitologiche, questo libro cerca di fornire una visione multistrato dei loro contesti storici e del loro significato spirituale per i praticanti moderni. Esploreremo non solo chi erano queste dee, ma anche come la loro influenza persiste oggi, offrendo guida e potere a coloro che sono disposti a impegnarsi con le loro energie.

Sia che siate alle prime armi con le pratiche spirituali, sia che siate esperti nel lavoro con le ombre, nel culto delle dee, nel neopaganesimo o in altri percorsi alternativi, questo libro è pensato per incontrarvi dove siete. Presenta informazioni teoriche e pratiche in un modo accessibile e facile per i principianti, assicurando che tutti i lettori possano relazionarsi e arricchire i loro viaggi spirituali. Se siete curiosi di conoscere diverse tradizioni spirituali o desiderate approfondire la vostra conoscenza delle divinità oscure di una specifica cultura, considerate questo libro come il vostro compagno di viaggio in un percorso di scoperta e di evoluzione personale.

In un mondo che spesso celebra solo la luce, riconoscere l'oscurità può essere un atto radicale e potenziante. Se siete in risonanza con il divino femminile e cercate conoscenza e ispirazione dalle potenti divinità femminili, questa guida vi illuminerà la strada. Attraverso un'esplorazione profonda ed esoterica delle sfaccettature più oscure di queste dee, imparerete ad apprezzare la complessità del loro simbolismo e dei loro miti. Ma soprattutto, scoprirete l'immenso potere che possono darvi quando abbracciate i loro insegnamenti.

Nell'intraprendere questo viaggio insieme, preparatevi a espandere la vostra saggezza spirituale e ad approfondire la vostra connessione con il divino femminile. Comprendendo e abbracciando queste potenti energie, sbloccherete nuove dimensioni di voi stessi e del mondo che vi circonda. Il percorso può essere impegnativo, ma le ricompense sono trasformative.

Siete pronti a svelare i poteri segreti di Lilith, Morrigan, Hekate e altre ancora? Siete pronti a sbloccare la vostra dea interiore e a entrare in un regno di profonda scoperta di voi stessi e di potenziamento?

Se è così, girate la pagina e lasciate che il viaggio abbia inizio.

accesso al potere femminile

In un mondo che spesso impone alle donne chi devono essere e come devono comportarsi, molte si trovano scollegate dalla loro vera essenza: la loro dea interiore. Questa disconnessione può manifestarsi con una sensazione di impotenza, con la sensazione che la propria vita sia diretta da forze esterne piuttosto che da desideri e forze interiori. Il viaggio per recuperare questo potere perduto inizia con l'esplorazione interiore, un'immersione coraggiosa nelle profondità di sé per portare alla luce il divino femminile che risiede dentro di noi.

Le aspettative della società hanno a lungo imposto alle donne ruoli restrittivi, enfatizzando qualità come la sottomissione, la gentilezza e l'altruismo, mentre scoraggiano le espressioni di forza, assertività e autonomia. Queste norme culturali possono portare le donne a reprimere le parti di sé che non sono in linea con queste aspettative, tra cui il loro potere e potenziale innato. Questa soppressione crea uno squilibrio interno, lasciando in sospeso un serbatoio di energia e capacità non sfruttate.

Molte donne possono sentire un vuoto inspiegabile o un'inquietudine, percependo che qualcosa di vitale manca nella loro vita. Questa sensazione spesso deriva dagli aspetti non riconosciuti di sé, la dea interiore che aspetta di essere riconosciuta e abbracciata. Senza questo riconoscimento, le donne possono lottare contro i dubbi su se stesse, la mancanza di direzione o la continua ricerca di conferme esterne.

L'accesso al potere femminile richiede un viaggio deliberato e consapevole verso l'interno. Questo processo consiste nel rimuovere gli strati di condizionamento per rivelare l'autentico sé sottostante. Comporta:

- **Auto-riflessione**: Prendersi del tempo per esaminare le proprie convinzioni, i propri valori e i propri desideri. Domande come "Cosa voglio veramente?" e "Chi sono al di sotto dei ruoli che mi sono stati assegnati?" possono iniziare questo processo.

- **Abbracciare il lavoro con le ombre**: Affrontare e integrare le parti di sé che sono state soppresse o considerate inaccettabili. È qui che le Dee Oscure diventano guide preziose, poiché incarnano gli aspetti della femminilità spesso emarginati, come la rabbia, la sessualità, l'indipendenza e la trasformazione.

- **Coltivare l'amore e l'accettazione di sé**: Imparare ad accettarsi completamente, compresi i difetti e le imperfezioni. Questa accettazione incondizionata di sé è un atto potente che alimenta la forza interiore e la resilienza.

- **Connettersi con il Divino Femminile**: Impegnarsi con gli archetipi delle Dee Oscure può facilitare una connessione più profonda con il divino femminile. Attraverso rituali, meditazioni e studi, si possono invocare le loro energie e la loro saggezza.

Quando le donne si addentrano nel loro mondo interiore, iniziano a smantellare le barriere che hanno tenuto a bada il loro potere. Questa liberazione porta a:

- **Autoaffermazione**: Affermare il proprio valore e le proprie capacità senza bisogno di un'approvazione esterna. Questa sicurezza di sé si fonda su una comprensione autentica di se stessi.

- **Empowerment**: Riconoscere e sfruttare i propri punti di forza e le proprie capacità intrinseche. L'empowerment non riguarda solo il guadagno personale, ma anche la capacità di influenzare un cambiamento positivo nel proprio ambiente.

- **Accedere alle potenzialità nascoste**: Scoprire talenti, passioni e aspetti di sé precedentemente inesplorati. Questo può portare a nuovi percorsi di sviluppo personale, carriera, relazioni e spiritualità.

- **Vivere in modo autentico**: Allineare la propria vita ai veri valori e desideri, portando a una maggiore realizzazione e gioia.

Le Dee Oscure sono potenti archetipi e alleate in questo viaggio. Rappresentano le forze trasformative della psiche femminile, forze necessarie per la crescita e il rinnovamento.

Studiando le loro storie e integrando i loro insegnamenti, le donne possono attingere ai punti di forza di queste dee per navigare nella propria vita con sicurezza e determinazione.

L'accesso al potere femminile non è una meta, ma un viaggio continuo alla scoperta di sé e della propria crescita. Richiede pazienza, compassione e la volontà di affrontare sia la luce che l'oscurità interiore. Quando le donne abbracciano la loro dea interiore, contribuiscono al risveglio collettivo del divino femminile, favorendo un mondo più equilibrato e armonioso.

Questo viaggio è profondamente personale ma universalmente significativo. L'emancipazione di ogni donna ispira altre persone, creando un cambiamento che va oltre l'individuo. Liberando il proprio potenziale interiore, le donne non solo trasformano la propria vita, ma aprono anche la strada alle generazioni future per vivere in modo autentico e potente.

Domande di riflessione:

1. Quali aspetti di voi stessi avete soppresso a causa delle aspettative della società?

2. Come potete iniziare a esplorare e abbracciare la vostra dea interiore?

3. In che modo gli archetipi delle Dee Oscure possono ispirarvi e darvi forza?

Mentre riflettete su queste domande, ricordate che il percorso di accesso al vostro potere femminile è un viaggio sacro. È un invito a tornare a casa con voi stessi, a stare nella vostra verità e a vivere una vita che onora l'essenza divina che è in voi.

COMPRENDERE L'ARCHETIPO DELLA DEA OSCURA

Come cercatori, sentite l'attrazione di entrare nell'oscurità, di esplorare ciò che si trova al di là del familiare. Questo capitolo è la vostra guida in quel regno, aiutandovi a comprendere le origini, il simbolismo e il significato profondo del termine "**Dea Oscura**".

Viaggeremo attraverso i contesti sfaccettati della spiritualità, della psicologia e della mitologia in un ricco arazzo di culture e tradizioni spirituali. **Abbracciando la trasformazione che avviene attraverso l'oscurità e l'ombra**, otterrete approfondimenti e conoscenze esoteriche sull'archetipo della Dea Oscura.

Il concetto di Dea Oscura non è limitato a una singola cultura o sistema di credenze. È un archetipo, un simbolo universale che rappresenta ruoli, attributi e funzioni simili in società diverse. **Dimora nella parte causale dello spirito, nota come psiche**, una presenza vivente che emerge dai nostri pensieri più profondi e dalle nostre intenzioni magiche. **Quando credete in lei, prende vita dentro di voi**, influenzando la vostra vita in modi sottili ma profondi.

Pensate alla Dea Oscura come a un seme piantato nel terreno fertile della vostra mente. **Attraverso i vostri pensieri e le vostre convinzioni, cresce e fiorisce**, diventando una forza potente che vi guida e vi trasforma. *È come coltivare un giardino nascosto dentro di voi, che fiorisce quando lo curate con consapevolezza e intenzione.*

Con la popolarità dei percorsi spirituali New Age, pagani e alternativi, **il fascino di questi potenti esseri oscuri si è rafforzato. Perché, vi chiederete?** Perché la Dea Oscura incarna l'**autenticità e la diversità, qualità** che la società moderna spesso sopprime. **Abbracciandola, si fa luce su aspetti di sé e del mondo che sono stati messi in ombra.**

Considerate le parti di voi stessi che vi è stato detto di nascondere o ignorare. *Forse si tratta di una passione che non si adatta alle norme della società o di emozioni ritenute inaccettabili.* **Questi elementi repressi rimangono nell'ombra**, proprio come le divinità oscure delle antiche leggende. **La Dea Oscura vi invita a portarli alla luce**, a guarirli e a trasformarli. **Vi guida verso una rinascita**, liberandovi dalle aspettative e dai fardelli che ostacolano il vostro vero io.

La sua energia è potente. **È una potenza** in grado di riscrivere la storia della vostra vita. **Connettendovi con lei, sbloccherete la libertà e il potere del divino femminile**, rimodellando la vostra narrazione in modi profondi.

La Dea Oscura non è che una sfaccettatura del divino femminile. Molti cercatori sono attratti dalle dee che incarnano la luce e la positività. **Ma la vita non è sempre sole e serenità**, vero? **A volte si è costretti a scavare nel lato ombra della dea**, perché è lì che risiedono le risposte ai dolori e alle sfide più profonde.

Immaginate di dover affrontare un periodo difficile della vostra vita: una perdita, un tradimento, una profonda delusione. *In quei momenti, il confortante abbraccio della luce potrebbe non essere sufficiente.* **È nelle profondità dell'ombra che trovate la resilienza**, la forza di affrontare e superare le avversità. **La Dea**

Oscura è al vostro fianco, una solida alleata che comprende la complessità delle vostre emozioni.

È importante riconoscere che queste divinità sono etichettate come "oscure" non perché siano malevole, ma perché alcune culture le hanno fraintese o temute. Nelle società patriarcali, le **potenti divinità femminili erano spesso associate alla guerra e alla distruzione** e la loro forza veniva interpretata come una minaccia. **I patriarchi sostenevano che nutrissero un insolito desiderio di versare sangue**, mettendole in una luce negativa.

Ma nelle culture che onorano le energie femminili oscure, **la Dea oscura è accolta come parte integrante del tutto**. Rappresenta le esperienze necessarie, anche se a volte spaventose, della vita. **Mentre i suoi aspetti più chiari nutrono e guariscono, i suoi lati più oscuri insegnano a combattere, ad affrontare i nemici, sia esterni che interni, e a superare ostacoli formidabili.**

Immaginate di rimanere saldi di fronte alle avversità, attingendo forza da una fonte profonda. *È come attingere a un antico pozzo di coraggio e resilienza che vi permette di superare qualsiasi sfida.* **Questo è il dono della Dea Nera.**

In molte leggende e storie, **le Dee Oscure sono state invocate per scacciare il vero male e purificare ciò che era contaminato. Sono guerriere e protettrici**, non distruttrici. **Abbracciando la loro energia**, si impara non solo ad affrontare l'oscurità, ma anche a trasformarla, emergendo più forti e autentici.

Jung e il Sé ombra

L'archetipo della Dea Oscura è misterioso, distruttivo, caotico e spesso associato all'occulto. Tuttavia, è anche trasformativo e offre una visione olistica di sé e della natura. La natura di queste divinità femminili è oscura e riflette l'esperienza dell'emancipazione femminile. Questa natura incarna perfettamente ciò che il famoso psicologo Carl Jung chiamava il **"sé ombra"**.

In molte religioni, la Dea oscura rappresenta la parte della natura che dovrebbe essere evitata o impedita di prosperare. Nonostante le differenze nelle loro storie, le Dee Oscure nelle culture orientali e occidentali erano viste in modo simile. Nelle società occidentali, l'archetipo era visto come una proiezione del patriarcato, associato a intenzioni ostili e alla guerra.

Quando si parla di natura umana, l'oscurità era qualcosa da cui le persone erano incoraggiate a stare lontane. Sebbene possa sembrare saggio scoraggiare l'abbraccio con il proprio io più oscuro, **reprimere il proprio io ombra impedisce di comprendere la propria vera natura, i propri valori e i propri bisogni spirituali.** Come cercatori, potreste sentire l'attrazione di esplorare questa parte più profonda di voi stessi.

A questo punto diventa essenziale approfondire la psicodinamica e l'analisi teorica della psiche umana di Jung. Carl Jung si occupò principalmente della psiche umana, ma lui e i suoi studenti studiarono anche il concetto di dea, creando un ponte tra la psicoanalisi e le pratiche esoteriche. Jung si riferiva alla dea con il nome di **anima** o **anima mundi, che** significa **anima del mondo, intendendo** che viviamo in un mondo incentrato sulla dea e che la dea vive in ognuno di noi.

Secondo Jung, l'archetipo della Dea Oscura è la manifestazione del "**sé ombra**", in opposizione al "**sé ego**". Il sé rappresenta la totalità della psiche, combinando la parte subconscia e quella conscia. In quanto nucleo più autentico del nostro essere, il sé dà origine a tratti e caratteri, tra cui la persona e l'anima/animus, le parti di genere del subconscio collettivo. L'**anima** è il modo in cui la psiche maschile immagina il femminile, mentre l'**animus** è il modo in cui la psiche femminile immagina il maschile. La persona è la parte di sé che si presenta al mondo.

Per Jung l'ego è il nucleo e il motore principale della persona, la parte di cui si è consapevoli e che si controlla attraverso le proprie azioni. Tuttavia, egli riteneva che l'ego dovesse essere equilibrato. Trattando i pazienti, scoprì che nel profondo le persone sono sempre consapevoli della loro vera natura e personalità, anche se non la mostrano al mondo esterno. Chiamò questa parte nascosta "**l'ombra**" e sostenne che raggiungerla richiede uno sforzo immenso.

La consapevolezza del proprio sé ombra consente di identificare gli aspetti più oscuri della propria personalità e di riconoscerli come parti reali della propria esistenza. Per la maggior parte delle persone, questo va contro ogni loro convinzione di base, per cui è naturale che resistano a concedersi al proprio sé ombra. La ragione principale della resistenza è da ricercarsi nel concetto teologico patriarcale del male, che impone che la parte oscura di sé sia cattiva e, quindi, debba essere repressa.

Jung ha chiamato il processo di aumento della consapevolezza della propria natura complessa **Individuazione**. Affrontare la propria ombra è il primo passo di questo viaggio. Invece di considerare il lato oscuro come qualcosa di cui vergognarsi, Jung incoraggiava le persone a confrontarsi con la parte di sé che le spinge a fare cose negative. Egli sosteneva che, poiché si tratta di parti naturali della personalità di ognuno, **è meglio conoscerle**

da vicino piuttosto che evitarle come se portassero alla corruzione.

La teoria di Jung secondo cui l'archetipo della Dea Oscura è l'epitome del sé ombra offre un modo fantastico per descrivere e sperimentare i sentimenti interiorizzati. Ciò che per alcuni è ineffabile, i seguaci della Dea Nera possono accoglierlo come un'esperienza naturale, senza pregiudizi, dubbi o domande. **Indipendentemente dalle proprie convinzioni, la Dea insegna l'importanza dell'esperienza,** convalidando efficacemente ciò che non si riesce a spiegare con pensieri e concetti razionali.

Le teorie di Jung forniscono una fonte di potere intrinseca e autentica nella Dea Oscura. Sia che la si identifichi come una divinità femminile individuale in un vasto pantheon di divinità, sia che la si veda come il volto di una dea dalle mille sfaccettature, questo è esattamente il modo in cui l'archetipo viene rappresentato in diverse religioni.

A sostegno delle affermazioni di Jung sullo sforzo necessario per affrontare l'oscurità interiore, molti racconti descrivono l'alto prezzo pagato da chi si avvicina alla dea. **Conosciute per portare le persone sull'orlo di un estremo esaurimento psicologico, queste forze oscure femminili richiedono molto.** Non si può semplicemente sperare nel meglio quando si incontrano queste divinità. **Non è consigliabile interagire con loro se non si è veramente preparati a gestire il loro potere.**

I praticanti spesso descrivono di aver sperimentato un significativo cambiamento negativo quando invocano una Dea Oscura. Considerando le teorie di Jung, c'era da aspettarselo. **Affrontare il proprio sé oscuro fa emergere molte emozioni negative, tra cui paura, impotenza, ansia e debolezza.** Tuttavia, senza sperimentare queste emozioni, non si può imparare la propria forza. Se non affrontate mai qualcosa che vi turba o vi spaventa, come potete sapere che avrete il coraggio di superarlo?

Solo confrontandosi con le proprie debolezze si può capire cosa serve per tirare fuori la propria forza. *È una lezione potente ma necessaria che l'archetipo insegna.*

Le dee mostrano anche che, così come tutti possono essere compassionevoli e amorevoli quando sono potenziati, **il loro potere può anche derivare dalla rabbia, dal dolore e da altre emozioni ed esperienze negative - e usarlo per grandi scopi.**

Affrontare il proprio sé oscuro spesso comporta la distruzione delle convinzioni precedenti, ma questo è necessario per ricostruire se stessi. Prima di lavorare con la Dea Nera, potreste vivere guidati solo dalla parte cosciente di voi stessi. In seguito, si **diventa integri e si ritrova la propria forza individuale. È qui che risiede il vero potere dell'archetipo della Dea Nera.**

Col tempo, le teorie di Jung che legano l'archetipo alla personalità e alla psiche di una persona sono state ampiamente accettate. Alcuni erano puramente incuriositi da questo potere misterioso, mentre altri si resero conto dell'importanza di esplorare ulteriormente questo archetipo molto trascurato. È interessante notare che Jung considerava la Dea Oscura sia come un sé ombra femminile (**anima**) sia come l'aspetto oscuro dell'ombra maschile (**animus**). Questo spiega perché molte persone non vogliono ammettere questo aspetto della loro psiche. **Va contro l'ego maschile, che non ama pensare di avere debolezze, paure e insicurezze.**

Tuttavia, **l'ombra sa che queste debolezze esistono** e, contrariamente ad altre credenze popolari, non è cattiva o negativa. L'ombra femminile autorizza la persona a riconoscere questa parte della sua psiche - debolezze, difetti e tutto il resto.

La moltitudine di Dee Oscure con cui potete lavorare ha poteri particolari. **Invocando quelle con cui vi identificate o di cui avete veramente bisogno, potete trovare la strada da seguire**

nel vostro percorso di empowerment. Per esempio, invocare una dea che simboleggia la libertà e la lussuria può aiutarvi a sopprimere il senso di colpa per non aver seguito ciecamente le aspettative della società - praticamente *nessuno lo fa, perché è impossibile, visto quante ce ne sono e quanto possono essere sconcertanti.* Allo stesso modo, evocare una dea della trasformazione può aiutarvi a guarire dai traumi del passato e a usarli per illustrare la crescita.

Coloro che seguirono le orme di Jung contribuirono a trasformare la dea da semplice archetipo in un vero e proprio movimento. Hanno fatto rivivere l'archetipo dalla psiche causale al mondo reale, dimostrandone l'esistenza. Questo ha contribuito a rendere popolare il concetto di divino femminile, sia nella sua natura trascendente - che aiuta a identificarlo in se stessi - sia come forza trainante di religioni nuove e riemergenti che venerano le Dee Oscure come esseri divini trascendenti.

Rappresentazioni di archetipi

In molte culture, **la Dea Oscura è vista come una figura sinistra**, un'entità femminile con origini radicate in antiche tradizioni molto più antiche dei miti delle loro controparti benevole. È **conosciuta con molti nomi - Madre del Sangue, Padrona della Distruzione -** che evocano sia paura che timore. Le religioni e le tradizioni popolari spesso raffigurano queste divinità oscure come donne straordinariamente belle nel fiore degli anni, adornate con abiti provocanti o talvolta raffigurate nude. **Le leggende sostengono che nell'antichità queste dee potevano essere placate solo attraverso sacrifici umani** e i loro nomi non **dovevano mai essere pronunciati ad alta voce.**

Ma **come ricercatori**, potreste percepire che c'è di più sotto queste rappresentazioni minacciose. **Queste rappresentazioni, anche se avvolte nell'oscurità, in realtà potenziano le donne al di là dell'archetipo della dea nutrice.** Certo, il loro potere può derivare da associazioni con l'occulto e il misterioso, ma **esse svolgono ruoli vitali nell'evoluzione personale e nella crescita collettiva.**

L'emancipazione femminile può essere nascosta dietro concetti esoterici e pratiche pagane incomprese, ma è chiaro che lavorando su se stesse e abbracciando tutto il proprio io, le **donne possono accedere a questo potere. Non è necessario conformarsi a un ideale sereno e passivo per essere potenti. La Dea Oscura non ha paura di mettere in evidenza il principio femminile oscuro. Non è necessario adottare comportamenti maschili per essere potenti come gli uomini. Si può trovare il potere dentro di sé,** abbracciando la propria natura per sentirsi, comportarsi e crescere da pari a pari. *Pensate a una leonessa che guida il suo branco con forza e grazia.*

Allo stesso tempo, **l'archetipo insegna agli uomini che riconoscere le proprie debolezze non diminuisce la loro mascolinità.** *Immaginate un guerriero che conosce le proprie vulnerabilità e le trasforma in punti di forza.* I seguaci delle Dee Oscure imparano che entrambi i generi hanno molto di più da offrire rispetto alle qualità tradizionalmente attribuite loro. **Nessuno incarna un ideale perfetto di non fare mai del male a nessuno o di non commettere errori. È impossibile. Se non altro, alla fine ci si farà del male da soli.**

Non è raro che le Dee Oscure vengano dipinte come opportuniste e vendicative, soprattutto quando puniscono i mortali. Tuttavia, i **veri seguaci sanno che la loro ira non è mai senza motivo. A volte, le persone hanno bisogno di una lezione potente per capire la loro connessione con se stesse e con ogni essere dell'universo.** A loro modo, **queste dee insegnano l'empatia per tutto e tutti coloro che ci circondano, a partire da noi stessi.** Che vi identifichiate con una dea della trasformazione o con una maga guerriera, **vi mostrerà come abbracciare i vostri valori e il vostro carattere. La risonanza che sentite dentro di voi è fondamentale per lavorare con qualsiasi archetipo,** e **questo non è diverso con la Dea Oscura.** *Potreste sentire un'agitazione nella vostra anima quando leggete della saggezza di Hekate o della feroce protezione di Morrigan.*

In alcune tradizioni, **la Dea Nera rappresenta l'unificazione di due energie opposte. Si potrebbe credere, come Jung, che una persona sia un insieme fatto di due opposti al suo interno.** Unendo i due poteri divini, **nasce una nuova energia più potente.** A differenza delle culture che ritraggono l'archetipo come se stesse minando le altre forze, qui **la dea è empatica e nobile, riconoscendo la necessità di equilibrio nella natura. Dove c'è luce, deve esserci buio.** Pertanto, le forze divine opposte sono necessarie e uguali. **Sebbene siano rappresentate come temibili e implacabili, le Dee Oscure mostrano un** carattere personale eccellente: si tratta solo di riconoscerlo. **Sono coraggiose e audaci**, pronte ad affrontare qualsiasi sfida alla ricerca della vittoria.

Coloro che esplorano l'alchimia e pratiche simili credono che **abbracciare la Dea Oscura porti a una trasformazione radicale**, dotando una persona di scoprire e coltivare l'empatia, l'amore e la forza. Sebbene alcune di queste qualità non siano tipicamente associate alle energie femminili oscure, **molte rappresentazioni dell'archetipo mostrano che evocare le Dee Oscure porta a una crescita personale e spirituale. Imparando l'empatia quando si lavora con una Dea Oscura, si diventa più capaci di comprendere i propri difetti e quelli degli altri.** Dopo tutto, **chi meglio di qualcuno considerato terrificante, mortale e inavvicinabile può insegnare l'accettazione?** *È come trovare la pace nell'occhio del ciclone.* Se riuscite ad accettarli così come sono, **potete abbracciare la vostra e l'altrui vera personalità**, sia che venga percepita come terribile, fantastica, relazionabile o altro.

Nella maggior parte delle culture, **la Dea Nera rappresenta qualcosa di inspiegabile, intangibile e incontrollabile. Per questo motivo, lavorare con loro è utile per ogni ricercatore spirituale**, anche per i praticanti avanzati. Spesso ciò che viene attribuito a queste qualità è considerato cattivo o malvagio, comprese alcune parti di voi stessi. **Voi avete tutti questi valori dentro di voi, che vi ricordano la vostra interconnessione con tutto ciò che è in natura. Lavorare con una Dea Oscura fa sembrare questi aspetti più reali e tangibili.** Molti credono che gli archetipi possano aiutare ad affrontare l'imprevisto: molte **delle azioni delle Dee Oscure erano viste come tali nei miti e nelle credenze.**

Coloro che prima temevano l'ignoto caotico dentro di loro hanno imparato, dopo aver lavorato con una Dea Oscura, che solo perché c'è qualcosa che non conoscevano di loro stessi, non significa che debbano temerlo. **Questo archetipo del potere oscuro femminile è diventato uno strumento indispensabile per l'autosviluppo. Oltre a dissuadere le paure dalle parti nascoste di sé**, le Dee Oscure possono mostrare come integrarle nella psiche cosciente.

La Dea oscura simboleggia un lato profondo e impegnativo dell'esistenza, forze che hanno plasmato le vite fin dall'inizio dei tempi. Sebbene le interpretazioni e il simbolismo di queste energie divine femminili varino a seconda delle credenze, **queste infinite variazioni sono il motivo per cui persone con esigenze individuali possono identificarsi con esse. Potete trovare il vostro modo di lavorare con una o più Dee Oscure e intraprendere un viaggio ricco di eventi.**

DEE GRECO-ROMANE

Mentre nomi come **Era**, la maestosa regina degli dei, e **Atena**, la saggia e strategica dea della saggezza e della guerra, escono dalla lingua senza sforzo, ci **sono altre figure intriganti e meno riconosciute nella mitologia greca. Come cercatori**, potreste sentirvi attratti da queste divinità enigmatiche, tra cui **Persefone, Nyx** ed **Hekate**. Spesso etichettate come "oscure" o "malvagie", la **comprensione delle loro origini e delle loro storie può far luce sulla loro vera natura.**

Consideriamo **Persefone**. La sua non è una storia di cattiveria, ma di profonda trasformazione. **Portata agli inferi da Ade,** diventa la regina di un regno spesso temuto. Tuttavia, il **suo viaggio simboleggia il ciclo della natura,** dove la vita subisce periodi di quiescenza e di rinnovamento. **In primavera, quando Persefone torna sulla superficie terrestre, porta con sé i fiori e la bellezza della stagione.** *Pensate alle volte in cui siete usciti da un periodo difficile, sentendovi rinnovati e pronti a sbocciare.* **Non è cattiva, ma incarna il ciclo perpetuo della natura.**

Poi c'è **Nyx**, la dea primordiale della notte. **Più antica degli dei e delle dee dell'Olimpo,** è la madre di concetti essenziali come il sonno e la morte. **Nyx non è malvagia,** ma **incarna la tranquillità e il riposo che la notte offre. Il suo abbraccio oscuro è un momento di ricarica e rinnovamento,** proprio come i momenti di pace che si vivono sotto il cielo stellato. *Immaginate la serenità che provate durante una notte tranquilla, con il mondo silenzioso che vi offre spazio per riflettere e rigenerarvi.* **Nyx offre questo rifugio.**

Hekate, la dea degli incroci, della magia e della stregoneria, è un'altra figura incompresa. **Nell'antica Grecia, la gente la invocava agli incroci per cercare guida e protezione da forze invisibili.** La sua associazione con la magia la portava talvolta a essere dipinta come sinistra. Tuttavia, **è un simbolo della conoscenza e del potere che si trovano nell'ignoto e nelle scelte che si fanno nella vita. Hekate si trova alle soglie,** illuminando il cammino da percorrere. *Immaginate di trovarvi a un bivio della vita, incerti sulla direzione da prendere: Hekate vi illumina la strada, incoraggiandovi a fidarvi della vostra intuizione.*

Queste dee non sono veramente malvagie o oscure come si potrebbe pensare per i cattivi. Rappresentano diversi aspetti del cambiamento della vita, i misteri della notte e la saggezza nascosta nel mondo. Esplorando le loro storie, si ottiene un apprezzamento più profondo per le complessità della vita e della natura. Come cercatori, scoprirete che **addentrarsi nelle loro storie riflette il vostro stesso viaggio,** abbracciando sia la luce che l'ombra.

Con una letteratura così vasta a disposizione oggi, **è difficile separare le storie originali dalle interpretazioni moderne.** Tuttavia, **imparare come queste dee erano intese nel loro contesto antico rivela il loro vero significato e il loro posto. Svelando le verità nascoste e le storie non raccontate di Persefone, Nyx, Hekate e delle loro misteriose controparti,** farete luce sugli aspetti enigmatici e accattivanti della mitologia greca che sono rimasti a lungo nell'ombra.

Hekate

Hekate, dea degli incroci, della magia e della stregoneria, emerge dalle ombre della storia antica con un'aura di mistero e potere. Come cercatori che si addentrano nelle profondità della femminilità divina, incontrate Hekate non solo come divinità, ma come guida attraverso gli intricati percorsi della vita.

È una dei Titani, divinità primordiali che esistevano prima degli dei e delle dee dell'Olimpo. Nata da Perses e Asteria, Hekate incarna l'archetipo della triplice dea - la fanciulla, la madre e la crono - e rispecchia le fasi lunari e i cicli della vita. Questo legame intreccia la sua essenza nel tessuto stesso dei misteri dell'universo.

Nei racconti epici dell'antichità, la neutralità di Hekate durante la Titanomachia, la grande battaglia tra Titani e Olimpi, la contraddistingue. Non scelse da che parte stare, evitando così il destino di prigionia che toccò a molti Titani. La sua capacità di navigare tra luce e buio, vita e morte, le conferisce un posto unico tra gli dei. Si muove negli spazi liminari, quei regni intermedi dove pochi osano camminare.

L'associazione di Hekate con gli incroci è centrale nella sua mitologia. Nell'antica Grecia, i viaggiatori lasciavano offerte agli incroci, cercando la sua protezione e la sua guida. Questi luoghi simboleggiano le scelte e le transizioni della vita. Anche voi, trovandovi a un incrocio, potreste sentire la sua presenza, una forza invisibile che vi guida attraverso l'incertezza. Apre le porte tra il mondo mortale e il regno degli spiriti, offrendo saggezza quando il cammino da percorrere sembra poco chiaro.

La magia e la stregoneria sono regni in cui Hekate regna sovrana. Sotto il manto della notte, i seguaci la invocavano durante i rituali e gli incantesimi, soprattutto quelli legati alla luna. Le sue torce perforano l'oscurità, illuminando sia le ombre fisiche che quelle metaforiche. Ella custodisce i misteri dell'occulto e coloro che cercano il suo favore credono che possa concedere conoscenze e poteri profondi. Non si tratta semplicemente di maneggiare la magia, ma di comprendere le forze invisibili che plasmano le nostre vite.

Consideriamo il mito di Hekate e del rapimento di Persefone. Quando Ade portò Persefone negli inferi, sua madre Demetra fu consumata dal dolore. Hekate, con le sue torce, aiutò Demetra nella ricerca della figlia. Insieme, navigarono nell'oscurità, simboleggiando la speranza e la guida in mezzo alla disperazione. Il ruolo di Hekate non è quello di una forza malvagia, ma di un'aiutante compassionevole, che colma il divario tra i vivi e i morti.

Nei racconti degli eroi, Hekate compare più volte. Aiutò i Greci durante la guerra di Troia, offrendo guida e protezione. Medea, la famosa maga e sacerdotessa di Hekate, invocava i poteri della dea nelle sue pratiche magiche. Quando Teseo si avventurò nel labirinto per affrontare il Minotauro, Hekate gli fornì luce e saggezza, assicurandogli un ritorno sicuro. È una facilitatrice di grandi imprese, che sostiene coloro che osano chiedere il suo aiuto.

I cani accompagnano spesso Hekate nelle rappresentazioni mitologiche. Si credeva che l'ululato dei cani di notte segnalasse la sua presenza. Sono sacri per lei, simboli di lealtà e protezione. In alcune storie, Hekate può persino trasformarsi in un cane, sottolineando il suo stretto legame con questi animali. I loro sensi acuti e la loro natura protettiva riflettono la sua stessa vigilanza sulle soglie tra i mondi.

Le passeggiate notturne di Hekate sono avvolte da intrighi. Si dice che durante la luna oscura vaghi per la terra, accompagnata da spiriti inquieti e dai suoni ossessionanti della notte. Le offerte lasciate agli incroci durante questi periodi avevano lo scopo di placarla e di chiedere la sua benedizione. È un promemoria del suo dominio sull'invisibile, sugli aspetti dell'esistenza che si trovano appena al di là della percezione ordinaria.

Ebbe anche un ruolo nella ricerca del Vello d'Oro. Giasone e gli Argonauti cercarono la sua assistenza per navigare in acque infide e superare sfide scoraggianti. Hekate fornì loro conoscenza e guida, dimostrando la sua disponibilità ad aiutare coloro che intraprendono viaggi pericolosi. La sua saggezza è un faro per gli eroi e i cercatori. Nel mito di Perseo e Medusa, l'influenza di Hekate è evidente. Fornì a Perseo uno scudo levigato da usare come specchio, permettendogli di affrontare Medusa senza soccombere al suo sguardo pietrificante. Questo atto sottolinea il ruolo di Hekate come protettrice e fornitrice di soluzioni intelligenti. Ella consente agli altri di affrontare le paure e di superare gli ostacoli.

La tutela di Hekate si estende al regno del parto. Le madri la invocavano per proteggere i loro neonati, confidando nella sua capacità di allontanare gli spiriti maligni. Veglia sui più vulnerabili, assicurando loro un passaggio sicuro verso la vita. La sua influenza in questi momenti critici evidenzia il suo legame sia con gli inizi che con le fine.

In tutti questi miti, Hekate non è rappresentata come intrinsecamente malvagia o malevola. Al contrario, incarna la dualità: l'equilibrio tra luce e buio, vita e morte, conosciuto e sconosciuto. Il suo regno comprende le complessità dell'esistenza, le ombre che danno profondità alla luce. È una guida, una protettrice e una fonte di profonda saggezza.

Esplorando le storie di Hekate, si scoprono strati di significato che risuonano con il proprio viaggio. Hekate vi invita ad abbracciare l'ignoto, a trovare la forza nell'ombra e a confidare nella guida che viene da dentro di voi. Le torce di Hekate illuminano il cammino non solo degli eroi di un tempo, ma di chiunque sia disposto a cercare la sua saggezza.

Persefone

Persefone, figlia di Demetra, la dea dell'agricoltura, e di Zeus, il re degli dei, era una giovane dea radiosa e gioiosa. **Il suo nome, che significa "portatrice di distruzione" o "portatrice di morte", alludeva a un destino che non poteva ancora comprendere.** Ovunque andasse, **irradiava vita e crescita,** un vero simbolo della Terra generosa.

Prima del suo fatidico incontro con Ade, Persefone viveva una vita spensierata accanto alla madre. Trascorreva le sue giornate in prati baciati dal sole, coltivando fiori e campi. **La sua risata faceva sbocciare i fiori, la sua gioia faceva fiorire i campi.** Il mondo prosperava sotto il suo tocco gentile.

Poi venne il giorno in cui la terra sotto i suoi piedi **si spaccò senza preavviso.** Ade, nel suo carro oscuro, emerse e la afferrò. **Le grida di aiuto di Persefone riecheggiarono nel silenzio,** inascoltate da chi era in alto. Presa contro la sua volontà, scese nelle profondità degli inferi. Il mondo luminoso e soleggiato che conosceva svanì, sostituito da un regno oscuro di morte.

Nel mondo sotterraneo, **la sua disperazione era profonda.** Desiderava sua madre, il calore del sole e la vita che aveva perso. Tuttavia, con il passare del tempo, **iniziò ad assumere il suo ruolo di regina dei morti.** Divenne una figura compassionevole, che offriva conforto alle anime che vi dimoravano. **La sua forza e la sua capacità di adattamento brillano,** abbracciando il suo nuovo ruolo nonostante le difficoltà.

Approfondendo la sua storia, **potreste sentire il peso della sua trasformazione.** In alto, il mondo piangeva la sua assenza.

Demetra, affranta dal dolore, permise alla Terra di appassire. **I raccolti fallirono e la carestia attanagliò il regno dei mortali.** La vivacità che Persefone portava un tempo non si trovava più.

Demetra si imbarcò in una ricerca senza sosta per ritrovare l'amata figlia. Cercò in ogni angolo del mondo, rivolgendosi sia agli dei che ai mortali. Tuttavia, **nessuno poteva rivelare dove si trovasse Persefone**; solo Ade conosceva la verità.

Assistendo alla sofferenza degli dei e dei mortali, Zeus decise di intervenire. Esortò Ade a liberare Persefone, riconoscendo che il suo ritorno era essenziale per ristabilire l'equilibrio. Ade accettò, ma a una condizione. **Poiché Persefone aveva consumato sei semi di melograno nel mondo sotterraneo**, era tenuta a trascorrere con lui sei mesi all'anno. **Questi mesi divennero la stagione invernale**, quando il mondo di sopra era avvolto dal freddo e dall'oscurità.

Quando Persefone tornò da sua madre, **il loro gioioso ricongiungimento inaugurò la primavera**. La Terra tornò a vivere. **I fiori sbocciarono dove lei mise piede; i campi divennero verdi sotto il suo sguardo.** Il mondo celebrò la rinascita della natura e il ritorno della sua cara dea.

Durante la sua assenza nel mondo sotterraneo, **gli spiriti desideravano la sua presenza**. Il regno dei morti si sentiva più vuoto senza la sua compassione e la sua guida. **Anche nella terra delle ombre, ha portato una luce che è mancata molto.**

La storia di Persefone simboleggia l'eterno ciclo delle stagioni. **La sua discesa negli inferi segna l'arrivo dell'inverno**, un periodo di dormienza e riflessione. **Il suo ritorno annuncia la primavera**, un periodo di rinnovamento e crescita. Questo ciclo riflette la sua duplice natura: **dea della primavera e regina degli inferi**.

Come dea oscura, Persefone è associata ai misteri del mondo sotterraneo. **Non è malvagia**; il suo regno è fatto di ombre, morte e profonde trasformazioni. **Il suo viaggio da fanciulla spensierata a potente regina sottolinea la sua profondità e resilienza**. La sua storia ci ricorda, come ricercatori della verità, il delicato equilibrio tra vita e morte nel mondo naturale.

Nonostante l'oscurità che la circonda, **Persefone rimane una sovrana compassionevole ed equa**. Bilancia la bilancia della giustizia, fornendo conforto alle anime nell'aldilà. **Il suo ritorno annuale nel mondo di superficie porta gioia e ringiovanimento**, simboleggiando il ciclo di rinnovamento essenziale per la vita.

Esplorando la storia di Persefone, si **scoprono strati di significato e saggezza**. Persefone incarna la luce e l'oscurità, la crescita e la decadenza, la gioia e il dolore. **La sua storia vi invita ad abbracciare la complessità di voi stessi**, a trovare la forza nelle avversità e a riconoscere i cicli di cambiamento che danno forma al vostro viaggio.

Nyx

Nyx, una dea antica quanto il tempo, è emersa dal **Caos**, il vuoto primordiale da cui è nato l'intero cosmo. **Incarna la notte**, la personificazione stessa dell'oscurità, e precede persino i potenti dei dell'Olimpo. **Figura di profonda bellezza velata da un'aura di mistero**, il suo dominio si estende ben oltre la notte fisica. Governa i concetti astratti associati all'oscurità, rendendola una divinità di immensa influenza. Nel regno della notte, presiede al sonno, ai sogni e persino alla morte.

Uno degli aspetti più affascinanti di Nyx è la sua numerosa e varia prole. Tra i suoi figli più importanti c'è **Hypnos**, il dio del sonno, noto per portare riposo e sogni ai mortali. **Thanatos**, la personificazione della morte, rappresenta la transizione pacifica dalla vita all'aldilà. **Moros**, il dio della sventura imminente, sottolinea il destino ineluttabile che attende tutti gli esseri. **Eris**, la dea della lotta, prospera nell'ombra, seminando discordia e conflitti spesso celati sotto la copertura delle tenebre. **Apate**, la divinità dell'inganno, e **Geras**, che rappresenta l'inevitabile avanzare della vecchiaia, sono altri figli di Nyx. **La diversità dei suoi figli sottolinea la complessità delle forze che presiede**.

La presenza di Nyx nella mitologia greca è onnipresente, anche se non ha lo stesso rilievo di altre divinità. Viene spesso invocata durante i rituali notturni, quando il mondo è avvolto dai misteri dell'oscurità. **Nyx ha un immenso potere sulle transizioni**, presiedendo al passaggio dalla veglia al sonno, dalla vita alla morte e dalla coscienza al mondo etereo dei sogni. La sua influenza si estende alle profondità del subconscio, al regno dei sogni e alle forze enigmatiche che governano l'esistenza. **È la vera rappresentazione di una Dea Oscura**.

Nell'antica città di Thespiae, Nyx era venerata come la **Vergine Oscura**, custode di misteri e riti sacri. **Vestita del suo manto scuro, il Melanokhyton**, che significa "vestito di nero", si muoveva silenziosamente nella notte, **percependo la sua presenza più che vedendola**. Gli abitanti di Thespiae la tenevano in grande considerazione, credendo che vegliasse su di loro mentre dormivano e che **il suo mantello fosse un sudario protettivo contro i pericoli invisibili**.

I guerrieri di Thespiae, gli **opliti oscuri**, portavano la sua essenza in battaglia. **Indossavano armature ornate di simboli della notte**, invocando il potere di Nyx perché li nascondesse dai loro nemici. *Immaginate questi opliti che si muovono come ombre sul campo di battaglia, con le loro forme che si fondono con l'oscurità, guidati dalla mano invisibile della dea.* **Credevano che sotto il suo manto diventassero un tutt'uno con la notte**, acquisendo forza e furtività grazie alla sua influenza divina.

Come cercatori, potreste scoprire che Nyx incarna i profondi misteri che si celano nell'oscurità. **Non è malvagia**, ma rappresenta piuttosto le complessità e le profondità che spesso vengono fraintese o trascurate. *Pensate alla quiete della notte, quando il mondo dorme e i sogni si dispiegano: un momento sereno e misterioso al tempo stesso.* **Nyx invita a esplorare queste profondità**, a trovare la saggezza nell'ombra e ad abbracciare gli aspetti sconosciuti della propria natura.

Nella mitologia greca, mentre dee come Atena e Afrodite sono ben note, **le dee più oscure come Nyx, Persefone e Hekate offrono una visione più profonda della psiche umana e del mondo naturale**. Sono spesso associate al mistero e all'oscurità, il che potrebbe far pensare che siano malvagie. Tuttavia, esplorando le loro storie in questo capitolo, è chiaro che non sono necessariamente malvagie. **Queste Dee oscure sono più complesse di quanto le semplici etichette possano trasmettere.**

Le loro storie rivelano la profondità e l'intricatezza della mitologia greca, dimostrando che termini come "oscuro" o "malvagio" sono troppo semplicistici per descrivere queste divinità dalle mille sfaccettature.

L'influenza di Nyx non riguarda solo la notte fisica, ma anche le transizioni e le trasformazioni che avvengono dentro di noi. Governa gli spazi tra luce e buio, coscienza e incoscienza, vita e morte. **Abbracciandola, potrete trovare una guida nei vostri periodi di cambiamento**, traendo forza proprio da quelle ombre che un tempo sembravano scoraggianti.

Immaginate di trovarvi sotto un cielo stellato, con la vasta distesa dell'universo sopra di voi. **In quel momento, potreste sentirvi connessi a Nyx**, l'incarnazione della notte, **un promemoria delle infinite possibilità che l'oscurità racchiude. È il velo che nasconde e rivela allo stesso tempo**, invitandovi a guardare oltre la superficie e a esplorare le profondità del vostro essere.

Giunone - Era

Era, la regina degli dei nella mitologia greca, e la sua controparte romana, Giunone, sono spesso celebrate come dee del matrimonio e del parto. **Ma se si cerca di approfondire le loro storie, si scoprono le sfaccettature più oscure della loro divinità.**

Era non è solo la dignitosa moglie di Zeus, ma **incarna il potere feroce e implacabile del divino femminile. La sua ira è leggendaria,** soprattutto contro coloro che tradiscono la sua fiducia. Quando le infedeltà di Zeus si traducono in prole, **la vendetta di Era è rapida e implacabile.** *Pensate a come ha tormentato Ercole, inviando serpenti nella sua culla e follia nella sua mente.* **Queste azioni rivelano una dea che esercita il suo potere senza esitazioni,** esigendo rispetto e fedeltà.

Sebbene non sia direttamente associata alla stregoneria, **la profonda influenza di Hera e i rituali segreti eseguiti in suo onore suggeriscono un aspetto più profondo e misterioso del suo culto.** In alcune regioni, le **donne si riunivano in cerimonie private per invocare la protezione e la guida di Hera,** cercando di sfruttare la sua forza nella propria vita. **Questi riti, avvolti nel mistero, permettevano alle donne di entrare in contatto con le potenti energie che Hera rappresenta.**

Allo stesso modo, **Giunone nella mitologia romana ricopre un ruolo complesso e sfaccettato. È la protettrice dello Stato, la custode delle donne e una divinità che può scatenare una furia formidabile. Il lato più oscuro di Giunone emerge nei miti in cui si oppone a eroi come Enea,** ponendo ostacoli sul loro cammino per mettere alla prova la loro determinazione. *La sua incessante ricerca di ostacolare il viaggio di Enea verso l'Italia dimostra il suo immenso potere e la sua determinazione.*

I rituali dell'antica Roma sottolineavano spesso gli aspetti enigmatici di Giunone. Festival come i **Matronalia** la celebravano come Giunone Lucina, dea del parto, ma c'**erano anche cerimonie più appartate in cui le donne cercavano il suo favore. Questi incontri, velati di segretezza, consentivano alle donne di onorare la forza di Giunone e di cercare il potere**, anche se non erano esplicitamente legati alla stregoneria.

Attraverso queste narrazioni, Era e Giunone emergono non solo come dee del matrimonio e del parto, ma come figure potenti che incarnano gli aspetti più oscuri e complessi della femminilità. Esse rappresentano la capacità di creare e distruggere allo stesso tempo, di nutrire e proteggere ferocemente ciò che hanno di più caro.

Esplorando i loro miti, potrete scoprire che **Era e Giunone offrono spunti profondi per abbracciare l'intero spettro del divino femminile**. Vi ricordano che la **forza, la passione e persino la giusta rabbia sono parti integranti della vostra dea interiore**, che aspettano di essere riconosciute e sfruttate.

Diana e Artemide

Artemide, la dea della caccia, della natura selvaggia e della luna, si muove silenziosamente nelle foreste in ombra. **Come cercatori**, potreste percepire la sua presenza quando l'aria notturna è fresca e la luna è bassa nel cielo. **Incarna il misticismo della natura selvaggia e delle forze indomite della natura**.

Artemide non è solo una cacciatrice, ma è anche **profondamente legata alla magia e alla stregoneria**. Nella quiete della notte, **la sua influenza sull'arcano diventa più potente. È spesso associata ai cicli lunari**, che le streghe hanno a lungo venerato per il loro significato nelle pratiche magiche.

Nell'antichità, le **sacerdotesse di Artemide si riunivano in boschetti segreti**, eseguendo rituali sotto la luce argentata della luna. Cercavano la sua guida, invocando il suo nome per benedire i loro incantesimi e le loro magie. **Il suo legame con la magia è intessuto nel tessuto stesso del suo essere**, legato ai misteri della luna e dei regni nascosti.

Artemide è una dea fanciulla che abbraccia la propria indipendenza e autonomia. **Rappresenta lo spirito selvaggio**, libero da vincoli, che vaga per foreste e montagne. Questa feroce indipendenza si riflette nella sua padronanza della magia, svincolata dalle norme o dalle aspettative della società. **Insegna a fidarsi del proprio istinto** e ad ascoltare i sussurri del mondo naturale.

Si pensi alla storia di Atteone, un cacciatore che si imbatté in Artemide mentre faceva il bagno in una piscina isolata. Infuriata per la sua intrusione, **Artemide lo trasformò in un cervo**, che fu sbranato dai suoi stessi segugi. **Questa storia illustra la sua**

padronanza della magia di trasformazione, un potere che incute timore e paura.

Suo fratello gemello, Apollo, governa il sole, la logica e la ragione. **Artemide**, invece, **governa la luna**, l'intuizione e il subconscio. **Vi guida attraverso i paesaggi nascosti della psiche**, illuminando i sentieri meno battuti. **La sua magia è sottile ma profonda**, si trova nel fruscio delle foglie, nel bagliore delle lucciole, nella forza tranquilla della natura selvaggia.

Mentre percorrete il vostro cammino, **Artemide vi invita a esplorare il vostro legame con la magia. Vi incoraggia ad abbracciare la vostra selvatichezza interiore**, a trovare il potere nella solitudine e nella comunione con la natura. **I suoi riti spesso prevedono rituali eseguiti al chiaro di luna**, attingendo alle energie lunari per manifestare intenzioni e desideri.

In tutte le culture, **Diana rispecchia l'essenza di Artemide nella mitologia romana. È la dea della caccia, della luna e del parto. L'associazione di Diana con la magia è altrettanto profonda** e la dea occupa un posto di rilievo tra coloro che praticano le arti antiche.

Nei boschi sacri di Nemi, gli **adoratori di Diana si riunivano in cerimonie segrete. La chiamavano Diana Nemorensis**, la dea del bosco. **Le sue sacerdotesse possedevano una grande conoscenza delle erbe e della guarigione**, e usavano le loro abilità per aiutare i malati e i bisognosi. **Erboristeria e magia si intrecciavano nel dominio di Diana**, riflettendo la profonda connessione tra il mondo naturale e quello mistico.

Diana è anche legata a Ecate, la dea della stregoneria e dei crocevia. **In alcune tradizioni, le due dee sono viste come aspetti della stessa forza divina** e rappresentano diverse fasi lunari e sfaccettature del potere femminile. **Il ruolo di Diana**

come dea lunare la colloca saldamente nel regno della magia, dove i cicli lunari influenzano il flusso e il riflusso dell'energia.

La leggenda di Aradia narra di una donna inviata da Diana per insegnare la magia e la stregoneria agli oppressi. **Aradia è rappresentata come la figlia di Diana,** una messaggera che condivide i segreti dell'arte con l'umanità. **Questo racconto evidenzia il legame diretto di Diana con la diffusione della conoscenza magica,** ponendola come figura centrale nella tradizione della stregoneria.

Come cercatori, potreste sentirvi attratti dagli insegnamenti di Artemide e Diana. **Esse offrono una guida per abbracciare le proprie capacità magiche,** incoraggiandovi a trovare l'armonia con il mondo naturale. **Simboleggiano l'unione di forza e intuizione,** di azione e riflessione. **Le loro storie incoraggiano a cercare l'equilibrio,** a onorare sia la selvatichezza interiore sia la saggezza che deriva dalla comprensione dei cicli della natura.

Le fasi lunari svolgono un ruolo cruciale nella magia ed entrambe le dee sono intimamente legate ai suoi ritmi. **La luna crescente è un momento di crescita e di manifestazione,** mentre **la luna calante favorisce il rilascio e l'introspezione. Allineando le vostre pratiche a questi cicli,** potrete attingere alle energie che Artemide e Diana governano.

Nel vostro viaggio, **potreste sentire la chiamata a entrare nella luce della luna,** a lasciare che il bagliore d'argento illumini il vostro cammino. **La magia di Artemide e Diana non è confinata ai tempi antichi; risuona oggi,** invitandovi a esplorare i misteri che si celano dentro e intorno a voi.

Immaginate di trovarvi sotto la luna piena, con il cielo notturno che si estende all'infinito. **Sentite una connessione con qualcosa di più grande,** un'agitazione di energie che fluiscono attraverso di voi e il mondo. **Questo è il regno di Artemide e Diana**, dove la magia non è solo possibile ma naturale.

Vi insegnano ad ascoltare il fruscio delle foglie, a notare i sottili segnali che vi guidano. **La magia, secondo loro, consiste nell'armonia con la natura**, nel riconoscere l'interconnessione di tutte le cose. **Onorandole, onorerete il sacro dentro di voi**, liberando il potenziale per tessere la magia in ogni aspetto della vostra vita.

Artemide e Diana sono potenti incarnazioni del divino femminile, rappresentano l'indipendenza, la forza e la profondità dell'intuizione. **Il loro legame con la magia e la stregoneria testimonia il potere duraturo di queste pratiche**, radicate nel rispetto della Terra e dei cicli che la governano.

Le loro storie non sono reliquie del passato, ma ispirazioni vive che vi guidano ad abbracciare la vostra dea interiore. **Mentre percorrete il vostro cammino, ricordate che la luce della luna che splende su di voi è la stessa che illuminava i riti delle antiche sacerdotesse**, la stessa che oggi continua a ispirare i cercatori di saggezza e magia.

Medusa la dea oscura di Atena

Medusa, con i suoi capelli serpentini e lo sguardo pietrificante, è una delle figure più enigmatiche della mitologia greca. **Come cercatori**, potreste sentirvi attratti dalla sua storia, percependo un significato più profondo sotto la superficie. **Incarna la complessa interazione tra bellezza e terrore, vulnerabilità e potere.**

Un tempo Medusa era una fanciulla straordinaria, la cui bellezza non ha eguali tra i mortali. **I suoi occhi scintillavano come i mari più profondi** e i **suoi capelli fluttuavano come seta sotto il sole.** Il suo splendore affascinava tutti coloro che la guardavano, ma fu proprio questa bellezza a portare alla sua tragica trasformazione.

Atena, la dea della saggezza e della guerra, osservava Medusa con un misto di ammirazione e preoccupazione. **In alcuni racconti, Medusa servì come sacerdotessa nel tempio di Atena,** dedicandosi a una vita di purezza e devozione. Tuttavia, **un incontro tra Medusa e Poseidone all'interno del tempio sacro** provocò l'ira di Atena. **Sentendo che il suo santuario era stato profanato**, Atena diresse la sua rabbia verso Medusa.

Con il cuore pesante, **Atena trasformò Medusa in una Gorgone,** una creatura con serpenti al posto dei capelli e uno sguardo che poteva trasformare chiunque in pietra. Questa trasformazione non era solo una punizione, ma **anche una forma di protezione.** Medusa, un tempo vulnerabile, ora possedeva un potere che la rendeva intoccabile. **La sua bellezza divenne uno scudo formidabile**, in grado di scoraggiare chiunque volesse farle del male.

Le Gorgoni, Medusa e le sue sorelle Stheno ed Euryale, vivevano ai confini del mondo. **La loro esistenza era ammantata**

di mistero e simboleggiava gli aspetti sconosciuti e temuti del divino femminile. **Rappresentano le ombre che abbiamo dentro**, le parti di noi stessi che esitiamo ad affrontare.

Il ruolo di Atena nella storia di Medusa rivela un aspetto più oscuro della dea. **Spesso la si vede incarnare la ragione e la strategia**, ma in questo caso **agisce per rabbia e forse per gelosia. Questo atto mostra la dualità di Atena**, che riflette sia la saggezza che la vendetta.

Medusa diventa un'estensione di Atena, una manifestazione delle sue emozioni represse e delle complessità della femminilità. **È l'ombra della luce di Atena**, l'emozione cruda del pensiero calcolato di Atena. Questa dualità invita a considerare la natura sfaccettata del divino femminile dentro di sé.

Magia e stregoneria si intrecciano profondamente con la narrazione di Medusa. Il suo stesso sguardo è un potente incantesimo, capace di pietrificare chi osa guardarla. **I serpenti nei suoi capelli simboleggiano la trasformazione e la rinascita**, temi comuni nelle pratiche magiche. *Consideriamo il liberarsi della pelle di un serpente* come un rinnovamento, **proprio** come la **metamorfosi di Medusa.**

In diverse tradizioni, **Medusa è venerata come figura protettiva. Gli amuleti con la sua immagine, noti come Gorgoneion, erano usati per allontanare il male. Il suo volto, sebbene spaventoso, era un simbolo di protezione e potere.** *I guerrieri potevano incidere la sua immagine sui loro scudi*, credendo **che il suo aspetto terrificante avrebbe respinto i nemici.**

Il legame tra Medusa e la stregoneria risiede nei temi della trasformazione, della protezione e dell'abbracciare il proprio potere interiore. Medusa rappresenta la capacità di gestire le prove personali e di trasformarle in forza. La sua storia insegna che anche di fronte alle avversità si può trovare il potere.

Il coinvolgimento di Atena aggiunge un ulteriore livello. In quanto dea della saggezza, incarna la conoscenza, una componente chiave della pratica magica. Il suo atto di trasformazione di Medusa può essere visto come l'iniziazione di Medusa a un nuovo regno di esistenza, dove esercita un potere immenso.

Le Gorgoni stesse sono antichi simboli della forza femminile primordiale. Abitano gli spazi liminari, i confini tra il conosciuto e l'ignoto. La loro magia è cruda e indomita, proprio come gli aspetti selvaggi della natura.

Esplorando la storia di Medusa, si affrontano i temi del vittimismo e dell'emancipazione, dell'ingiustizia e della punizione. La sua narrazione vi sfida a guardare oltre la superficie, a vedere la forza che può nascere dalle difficoltà. Vi invita ad abbracciare le vostre ombre, a trovare la magia nelle parti di voi stessi che la società potrebbe trascurare.

L'eredità di Medusa continua a ispirare. Gli artisti la ritraggono non solo come mostro, ma come simbolo della resilienza e dell'autonomia femminile. Incarna il potere trasformativo di abbracciare il proprio vero io, con tutte le sue complessità.

Come cercatori, potreste sentirvi in sintonia con il viaggio di Medusa. La sua storia risuona con chiunque si sia sentito incompreso o emarginato. Insegna che il vostro potere è dentro di voi, in attesa di essere riconosciuto e abbracciato.

Attraverso la lente della magia e della stregoneria, Medusa diventa una guida. Vi mostra che i momenti più bui possono portare a una profonda crescita personale. Il suo sguardo, un tempo temuto, diventa uno specchio che riflette la forza che possedete.

Abbracciando Medusa, abbracciate anche la complessità di Atena. **Riconoscete che saggezza ed emozione coesistono**, che il divino femminile comprende uno spettro di esperienze. **Le loro storie intrecciate offrono un ricco arazzo di lezioni**, invitandovi a scavare più a fondo nella vostra psiche.

Medusa, la fanciulla un tempo bellissima trasformata in Gorgone, è un potente simbolo di trasformazione. **La sua storia non è solo una tragedia**, ma anche un'occasione di riscatto e di emancipazione. **Incarna la magia che nasce quando si abbracciano tutte le sfaccettature di sé**, sia quelle chiare che quelle scure.

Forse potreste indossare un pegno con la sua immagine, non come simbolo di paura, ma come promemoria della vostra resilienza. **Lasciate che Medusa vi ispiri ad affrontare le vostre ombre**, a trovare forza nelle vostre esperienze e a sfruttare la magia che si nasconde dentro di voi.

DEE EGİZİE

Quando si pensa alle antiche divinità egizie, **forse vengono in mente solo alcuni nomi: figure** come Ra, Iside o Osiride. Ma **se si cerca di approfondire i misteri del divino,** si scopre un pantheon ricco di dee i cui poteri e le cui storie aspettano solo di essere scoperti. **Dee come Sekhmet, Nephthys, Hathor e Nut, le antiche dee oscure egizie, attendono di essere esplorate.**

Sekhmet, la dea leonessa, si trova al crocevia tra distruzione e guarigione. **I suoi occhi ardono del fuoco del sole,** incarnando la natura feroce e protettiva del divino femminile. **Nata dall'occhio di Ra,** fu inviata a punire l'umanità per le sue trasgressioni. **La sua furia fu così intensa che quasi annientò l'umanità.** *Ma quando gli dèi intervennero e la indussero a bere birra tinta pensando che fosse sangue, si inebriò e la sua furia si placò.* **Questa trasformazione dall'ira alla calma rivela la dualità dentro di lei,** mostrandovi che **nella vostra stessa rabbia si nasconde il potenziale per una profonda guarigione.**

Nephthys, sorella di Iside, abita nell'ombra. **È la dea dell'oscurità, del lamento e dell'invisibile.** Mentre Iside rappresenta gli aspetti luminosi della magia e della maternità, **Nefti incarna il nascosto, il misterioso, il lutto. Si trova accanto alla bara di Osiride,** aiutando la sua resurrezione. **Il suo ruolo di protettrice dei morti vi collega ai cicli di fine e inizio. Vi invita a esplorare le profondità della vostra ombra,** a trovare conforto e saggezza in luoghi che altri potrebbero temere. *Nei* *momenti di perdita, ci sussurra che il dolore è un percorso verso una comprensione più profonda.*

Hathor, spesso celebrata come dea dell'amore, della bellezza e della gioia, **nasconde un aspetto più oscuro che viene spesso trascurato. Si è trasformata in Sekhmet,** diventando lo strumento della punizione divina. **Questo cambiamento rivela la complessità della sua natura,** insegnandovi che la **gioia e la rabbia possono coesistere in voi. Hathor dimostra che abbracciare tutte le parti di sé porta alla vera armonia.** *Quando provate emozioni contrastanti, vi guida a onorare ogni sentimento come parte vitale del vostro essere.*

Nut, la dea celeste, inarca il suo corpo stellato sulla terra. **È l'incarnazione del cielo notturno,** che inghiotte il sole ogni sera e lo fa nascere ogni mattina. **La sua vasta distesa rappresenta le infinite possibilità dell'universo. Nut governa i cicli di morte e rinascita,** invitando a guardare oltre l'immediato e ad abbracciare l'eterno. *Sotto una coltre di stelle, potreste sentire la sua presenza, un dolce promemoria del potenziale sconfinato che è in voi.* **Vi incoraggia a sognare oltre le limitazioni,** a vedervi come parte di qualcosa di più grande.

Come cercatori, potreste sentire l'attrazione di queste dee, percependo che **la loro antica saggezza contiene le chiavi per sbloccare la vostra dea interiore. Le loro storie non sono semplici miti, ma echi di verità all'interno della vostra stessa anima. Vi sfidano ad affrontare le vostre paure,** ad abbracciare sia la luce che l'ombra dentro di voi. **Il loro potere non consiste nell'essere temute, ma nel guidarvi verso la vostra forza.**

Forse avete sentito il feroce coraggio di Sekhmet quando vi battete per ciò in cui credete, o il **tranquillo conforto di Nephthys nei momenti di dolore.** *Forse la dualità di Hathor risuona quando si affrontano emozioni complesse,* o il **cielo infinito di Nut vi ispira a raggiungere sogni che un tempo ritenevate impossibili.**

Sekhmet

Sekhmet, il cui nome significa **"colei che controlla"** o **"colei che è potente"**, **è una** delle dee più formidabili dell'antica mitologia egizia. **Come ricercatore che si addentra nelle profondità della femminilità divina**, si incontra Sekhmet non solo come divinità, ma come forza della natura stessa.

Viene chiamata **Dea Madre** e incarna sia forme umane che animali. **La sua rappresentazione di donna con il volto di un leone** riflette la sua natura feroce e inflessibile. In tutto l'antico Egitto, sculture, amuleti e monumenti dedicati a Sekhmet testimoniano la sua immensa importanza.

Sekhmet è spesso considerata una dea esoterica dimenticata. **Le divinità esoteriche possiedono capacità straordinarie**, eppure **lei rimane un enigma.** Non si sa molto di lei rispetto ad altre divinità; le sue storie sono scarse e non è menzionata con la stessa frequenza nella mitologia. Tuttavia, le poche risorse che parlano di lei **elogiano i suoi grandi ma contraddittori poteri. Poteva portare malattie, caos e morte,** ma anche **guarire e proteggere.**

Nata dal fuoco nell'occhio di Ra, il dio del sole e creatore dell'universo, **Sekhmet fu creata come arma di vendetta.** Secondo una leggenda, è un'incarnazione della dea del cielo Hathor. Dopo aver creato l'umanità, Ra osservò che essa si allontanava dal sentiero della giustizia e dell'ordine. Deluso e irritato, decise di punirli. **Dalla fiammata del suo occhio emerse Sekhmet**, che si guadagnò il titolo di "Occhio di Ra". **Era una manifestazione del suo potere**, capace di sputare un fuoco più caldo del sole del deserto.

Inviata sulla Terra per eseguire la punizione di Ra, Sekhmet scatenò piaghe in tutte le terre. **Il suo alito di fuoco bruciava**

tutto ciò che incontrava sul suo cammino, uccidendo quasi tutta l'umanità. **La sua sete di sangue era insaziabile** e nessuno poteva fermare la sua distruzione. Assistendo alla devastazione, Ra si pentì della sua decisione.

Non aveva intenzione di annientare l'umanità, ma solo di darle una lezione. **Se tutta l'umanità fosse stata distrutta, chi sarebbe rimasto per imparare?**

Per fermarla, Ra escogitò un piano. Ordinò ai suoi sacerdoti di macinare l'ocra rossa e di mescolarla con la birra. Sotto la copertura della notte, versarono questa miscela sulla terra dove Sekhmet dormiva. **Quando si svegliò, scambiò la birra rossa per sangue e la bevve tutta. Inebriata e pacificata**, cadde in un sonno profondo. Al risveglio, la sua rabbia si placò, **tornò da Ra** e, in alcune versioni della leggenda, egli la nominò **dea della guerra e del caos.**

Gli attributi di Sekhmet sono vasti e complessi.

È la dea della guerra, del caos, della guarigione, della peste e del sole cocente del deserto. Nel **Libro dei Morti** è descritta come una **forza distruttiva e creativa** allo stesso tempo. **Ha il potere di portare piaghe sull'umanità**, ma come dea della guarigione **può essere invocata per proteggere dalle malattie. Non c'è problema che Sekhmet non possa risolvere. È la patrona dei guaritori e dei medici** e durante le guerre **era la protettrice dei faraoni**, guidandoli alla vittoria.

È conosciuta con migliaia di nomi, ognuno dei quali riflette la sua personalità e i suoi poteri multiformi.

Osservatrice e guardiana dell'Occidente, Signora delle Montagne, Signora della Fiamma e Padrona del Terrore sono solo alcuni dei suoi appellativi. **I suoi epiteti rivelano il suo ruolo sia di distruttrice che di protettrice**, sottolineando la sua duplice natura.

Sekhmet è responsabile di **portare il calore nei deserti**, tanto da meritare il nome di "Nesert", **che significa fiamma. Porta sofferenza e malattie, ma solo a coloro che la fanno arrabbiare. Fa la guardia a Ra e protegge Ma'at**, la dea dell'equilibrio e della giustizia. Per la sua natura feroce e terrificante, **Sekhmet è chiamata "Signora del Terrore"**.

I suoi simboli includono la **leonessa**, che rappresenta la sua forza feroce; il **lino rosso**, che riflette la sua sete di sangue; il **disco solare**, che indica il suo legame con Ra; e i **gatti**, animali venerati nella cultura egizia.

Nell'antichità, **tutti temevano Sekhmet**, perché era la dea della guerra.

Tuttavia, **è minacciosa solo per coloro che le mancano di rispetto. Proteggeva gli antichi Egizi sputando fuoco e sconfiggendo i loro nemici.** Tuttavia, quando era in battaglia, **Sekhmet poteva diventare accecata dalla rabbia**, distruggendo tutto ciò che incontrava. **Solo bere sangue - o ciò che credeva essere sangue - poteva calmare la sua rabbia ardente.**

Se si desidera **placare Sekhmet**, si può **bruciare incenso, suonare musica o offrirle cibo e bevande. Per entrare in contatto con lei è necessario rispettare e comprendere la sua duplice natura.**

Per cercare la sua guida, si può eseguire un rituale di meditazione:

Costruite un altare dedicato a Sekhmet, collocandovi le sue immagini o i suoi simboli. **Accendete delle candele**, le cui fiamme simboleggiano la sua essenza ardente. **Sedetevi accanto all'altare**, chiudete gli occhi e respirate **profondamente. Visualizzate Sekhmet**, permettendo alla sua presenza di manifestarsi. **Datevi tempo** e quando la percepite o vedete i suoi simboli, **chiedetele di guidarvi**.

Come cercatore, rivolgersi a Sekhmet non significa semplicemente cercare il potere, ma abbracciare **l'intero spettro della propria forza interiore**.

Insegna che nella distruzione si nasconde il potenziale di guarigione e nel caos l'opportunità di ordine. **Riconoscendo in voi stessi sia l'aspetto feroce che quello protettivo, sbloccherete la profonda saggezza che Sekhmet vi offre.**

Nei momenti di rabbia o frustrazione, considerate le lezioni di Sekhmet. **La vostra passione può essere una fonte di trasformazione**, sia per voi stessi che per coloro che vi circondano. **Sfruttatela con saggezza** e anche voi potrete diventare **"Colui che ha il controllo"**.

Nephthys

Nephthys, una delle prime dee egizie, nacque dall'unione tra il cielo e la terra dopo che **Ra** creò l'universo. **Come ricercatore**, potresti essere incuriosito dal fatto che **il suo nome egizio è Nebthwt**, che significa **"padrona della casa"** o **"signora del tempio"**.

Nei miti antichi, **Osiride**, dio dell'agricoltura e della fertilità, e sua moglie **Iside**, dea della magia e della luce, governavano l'umanità con giustizia e gentilezza. La loro sorella, **Nefti**, era sposata con il fratello **Set**, il dio della guerra. Tuttavia, **Nefti nutriva dei sentimenti per Osiride**. Un giorno si **trasformò in Iside e lo sedusse**. Passarono la notte insieme e dalla loro unione nacque **Anubi**.

Quando **Set scoprì il tradimento**, credette che Osiride avesse sedotto Nefti. **Consumato dalla gelosia e dall'odio, Set complottò per uccidere il fratello**. Ci riuscì, uccidendo Osiride e salendo al trono, con Nefti al suo fianco.

Iside aveva il cuore spezzato per la perdita del marito. Cercò instancabilmente il suo corpo, **sperando di riportarlo in vita per poter concepire un figlio**. Quando lo trovò, **chiese a Nefti di aiutarla a proteggere il suo corpo da Set**. Ma **Set affrontò Nephthys** e, sotto la sua ira, **rivelò il loro nascondiglio. Set mutilò Osiride**, spargendo i suoi pezzi per tutta la terra.

Sopraffatta dal senso di colpa per aver tradito la sorella, **Nephthys giurò di fare ammenda**. Insieme, **le sorelle cercarono le parti disperse di Osiride**, raccogliendole una per una. **Ricomposero il suo corpo** e usarono la loro magia combinata per riportarlo in vita. Da questa unione, **Iside concepì un figlio, Horus**.

Per proteggere il figlio da Set, **Iside nascose Horus. Nephthys, avendo imparato dai suoi errori, mantenne il loro segreto. Allattò Horus e aiutò Iside a crescerlo.** Quando Horus crebbe e reclamò il trono che gli spettava, **onorò Nephthys,** facendola diventare il capo della sua famiglia e la principale consigliera. **Per questo motivo, molti egiziani considerano Nefti una madre materna e un simbolo di guida e protezione.**

Nephthys è spesso raffigurata come una donna con il simbolo del suo nome in cima alla testa. La sua immagine adornava molte tombe antiche, poiché **proteggeva i morti e assisteva alla mummificazione di Osiride.** Associata all'oscurità, al crepuscolo e al tramonto, si **trasforma in un aquilone** che piange i defunti e fa **la guardia alle bare e ai vasi canopi** dove venivano conservati gli organi del defunto.

I suoi simboli includono **platani, templi, falchi, aquiloni** e persino **la birra. A volte è raffigurata come una donna con le ali**, a sottolineare la sua natura protettiva.

Come Dea Oscura, Nephthys è la **dea della morte**, associata al decadimento e al passaggio all'aldilà. **Aiuta le anime a passare all'aldilà,** prendendosi cura di loro anche dopo la loro dipartita. **Conforta le famiglie in lutto,** assicurando loro che i loro cari sono al sicuro. **Per questo è chiamata "amica dei morti".** In effetti, **è l'unica dea che tratta i morti con tanto amore e gentilezza.**

I suoi seguaci la invocano spesso dopo la morte di una persona cara. **È presente durante i funerali,** per vegliare sui defunti. Nefti possiede capacità magiche simili a quelle di Iside. **Iside rappresenta la forza della luce, mentre Nefti incarna l'oscurità: si equilibrano a vicenda.**

È interessante notare che **Nefti divenne anche la dea della nascita dopo aver dato alla luce Anubi,** il dio della morte. Questa dualità evidenzia il suo ruolo sia nell'inizio che nella fine.

Per entrare in contatto con Nephthys, potreste eseguire un rituale di visualizzazione. **Trovate uno spazio tranquillo e sedetevi comodamente. Chiudete gli occhi, mettete le mani sul cuore** e **fate un respiro profondo.** Visualizzate **la luce di Nephthys che scorre in ogni parte del vostro corpo. Espirate e sentite la sua luce che vi radica** e si estende sotto i vostri piedi. **Inspirate di nuovo, riempiendo il vostro cuore con la sua essenza. Sussurrate il suo nome,** permettendo alla sua luce di riempire il vostro spazio. Se percepite la sua presenza, **ponetele tutte le domande che vi vengono in mente.** Quando siete pronti, **esprimete la vostra gratitudine** per la sua guida.

Come cercatori, abbracciare la saggezza di Nephthys può condurvi a una comprensione più profonda e alla pace interiore. **Insegna che nell'oscurità c'è conforto,** e che le fine sono solo inizi mascherati.

Hathor

Hathor, strettamente associata a **Sekhmet**, occupa un posto unico nell'antica mitologia egizia. Alcuni storici ritengono **che Sekhmet derivi da Hathor**. Viene raffigurata come una mucca o come una donna con la testa di mucca. **Come cercatori**, potreste trovare intrigante la sua duplice natura. **Hathor è la figlia di Ra** ed era molto venerata dagli antichi Egizi. **Il suo nome significa "Tempio di Horus", in** riferimento al mito in cui **Horus (il dio del sole) entra nella sua bocca ogni notte per riposare e rinasce ogni mattina per illuminare il cielo.** Questa storia spiega il viaggio quotidiano del sole.

Un tempo Hathor era un'immagine di amore e gentilezza, ma in passato aveva un lato molto più oscuro. In alcune leggende, **Ra inviò Hathor per punire gli uomini per la loro disobbedienza. Scatenò la sua vendetta, distruggendo tutto e tutti.** La sua ira fu così immensa che la trasformò in **Sekhmet**. Dopo la sua furia, quando finalmente si calmò, **tornò a essere Hathor**, ma era cambiata. **Era diventata una versione migliore, più gentile e più calma di se stessa.**

La dea che un tempo cercava di annientare il mondo **divenne un'alleata dell'umanità. Li benedisse con molti doni e aiutò i meno fortunati.** Ogni volta che la pregavano, **rispondeva alle loro richieste. Divenne la dea madre** e si ritiene che molte altre dee siano suoi avatar.

In un altro mito, quando **Horus** crebbe, cercò di reclamare il trono dallo zio **Set**. Set era astuto e inaffidabile. **Horus portò il suo caso al consiglio degli dei**, guidato da **Ra**. Tuttavia, **Ra si arrabbiò e rifiutò di partecipare al processo**, causando grande preoccupazione tra gli dei.

Hathor sapeva che la rabbia del padre avrebbe potuto causare la fine del mondo. Determinata a ristabilire l'equilibrio, si recò da Ra. Con una mossa inaspettata, danzò davanti a lui e usò il suo fascino per divertirlo. Le sue azioni deliziarono Ra e la sua rabbia si placò. Tornò al consiglio per occuparsi del caso di Horus.

Questa storia evidenzia il significato di mascolinità e femminilità. Quando entrambi sono in armonia, portano equilibrio all'universo.

Hathor è la dea dell'amore, della festa, della musica, della danza, della maternità, della gratitudine, dell'ebbrezza e della gioia, simile a Venere e Afrodite della mitologia romana e greca. È la protettrice delle donne e della loro salute. È anche la sovrana del parto, dell'Oriente, dell'Occidente, della fertilità, dell'agricoltura, della luna, del sole e del cielo.

Hathor ha molti ruoli. Rinnova il cosmo, aiuta le donne a partorire e resuscita i morti. Come divinità lunare, guida le barche di notte finché non raggiungono la riva in sicurezza. Nell'antico Egitto, la notte era una metafora della morte, quindi si ritiene che illumini il cammino dei defunti per raggiungere l'ultima dimora.

I suoi simboli includono la mucca, le orecchie di mucca, le corna di mucca, il disco solare, la pianta di papiro, il sicomoro, il serpente e la leonessa.

Hathor ha il grande onore di essere la dea dell'aldilà nel Campo dei Giunchi. Questo luogo è simile al concetto di paradiso, dove i morti trascorrono l'eternità con i loro cari senza dolore o sofferenza. Quando una donna o una ragazza buona muore, assume le sembianze di Hathor prima di passare al Campo dei Giunchi.

Per entrare in contatto con Hathor, si possono offrire **rose, cedro, cannella, mirra, vino, birra, burro, formaggio, pane, datteri, fichi, acqua dolce, gelsomino, camomilla** o **olio di rosa, profumi, oro o rame. Un semplice altare in suo onore**, con una foto o una statua e una candela rossa o bianca, può essere un gesto significativo.

Come ricercatore, abbracciare la storia di Hathor può sbloccare una comprensione più profonda dell'equilibrio tra luce e oscurità dentro di sé. **Hathor insegna che la trasformazione è possibile** e che dal caos possono nascere gentilezza e gioia. **Connettendosi con lei, si può trovare una guida nel proprio viaggio verso l'armonia e la scoperta di sé.**

Nut

Nut, figlia di **Shu**, il dio dell'aria, e di **Tefnut**, la dea delle piogge e dell'umidità, è una delle divinità più importanti dell'antica mitologia egizia. **Come ricercatore**, potresti essere incuriosito dal fatto che è la **nipote di Ra** ed è sposata con **Geb**, il dio della terra. **Nut** è la **dea del cielo** e il suo nome significa **"acqua"**, spesso raffigurata con un vaso d'acqua sulla testa.

Quando **Ra** creò **Nut** (il cielo) e **Geb** (la terra), **erano inseparabili**, il loro amore era così profondo che **si abbracciavano all'infinito. La loro vicinanza impedì a Nut di avere figli. Shu**, il padre di Nut, desiderava dei nipoti e divenne geloso della loro unione ininterrotta. **Li costrinse a separarsi**, creando la separazione tra il cielo e la terra come la conosciamo. *Il desiderio tra Nut e Geb era così intenso che ancora oggi il cielo si inarca sulla terra, desiderando di ricongiungersi.*

In un altro racconto, **Ra amava Nut e desiderava farla diventare sua moglie.** Tuttavia, **lei era innamorata di Geb** e stavano già insieme. **Quando Ra scoprì la loro unione segreta**, si infuriò. **Maledì Nut affinché non potesse mai avere figli in nessun mese dell'anno.** Nel tentativo di spezzare la maledizione, **Nut chiese aiuto a Thoth**, il dio della saggezza. **Commosso dalla sua situazione**, Thoth escogitò un piano ingegnoso. Sfidò **Khonsu**, il dio della luna, a una partita a dama. A ogni vittoria, **Thoth si aggiudicava una porzione di luce lunare** e alla fine ne accumulò abbastanza da creare **cinque giorni in più** rispetto al calendario esistente. **Poiché questi giorni non facevano parte di alcun mese, Nut fu in grado di generare figli**, dando alla luce **Osiride, Iside, Seth** e **Nefti**.

Nut ebbe anche un ruolo fondamentale nell'**aiutare Ra ad ascendere al cielo. Ra decise di abdicare al suo trono e di**

ritirarsi in cielo, ma **era vecchio e debole**. **Nun**, l'acqua primordiale, chiese a **Nut** di portare **Ra** sulla sua schiena. **Nut**, dubitando delle sue capacità, esitò, ma **Nun la trasformò in una mucca**, dandole la forza necessaria. **Ra cavalcò Nut** e insieme salirono, stabilendo **il posto di Ra nei cieli**.

Nut è spesso raffigurata come una **bellissima donna nuda con le ali**, che si inarca sulla terra, con il corpo ornato di stelle. **Protegge il mondo da Nun**, le acque caotiche della creazione, e le viene attribuito il merito di aver dato vita alle divinità chiave della Grande Enneade, tra cui **Ra, Shu, Tefnut, Geb, Osiride, Iside, Seth** e **Nefti**. Inizialmente **dea del cielo notturno**, associata alla **Via Lattea, il suo ruolo si è ampliato nel tempo**, fino a diventare la **dea di tutti i cieli**.

I suoi simboli includono il **cielo**, la **mucca**, le **stelle** e concetti come **libertà, saggezza, abbondanza, eternità** e **immortalità**. A lei sono legati animali come **rane, coniglietti** e **api**, elementi come i **fiori di loto** e gemme come l'**opale**, il **topazio blu**, la **tormalina** e lo **zaffiro**. **Colori come il blu e il nero** rappresentano la sua essenza.

Come Dea Oscura, Nut è la guardiana di sarcofagi e bare. Veglia sui morti, guidandoli fino alla loro rinascita nell'aldilà.

Per invocare **Nut**, si può scegliere un luogo all'aperto sotto il cielo notturno, oppure allestire un altare in casa adornato con simboli della notte come le stelle o la luna. **Accendete una candela bianca o blu**, collocate i suoi simboli sull'altare e fate un'offerta. **Sedetevi in silenzio**, concentrandovi sul respiro. **Liberate la mente e visualizzate Nut. Chiedetele di guidarvi** e apritevi alla sua saggezza.

Nella **spiritualità kemetica**, un sistema di credenze ispirato all'antica religione egizia, **il ciclo di Nut incarna il cerchio della vita. Ogni notte inghiotte il dio Sole e lo partorisce ogni**

mattina. Ogni mattina ingoia anche la luna, che partorisce di notte. Questo ciclo eterno riflette la convinzione che **l'universo sia un'estensione di se stessi.**

Le **antiche dee oscure egizie** come **Nut** incarnano una moltitudine di caratteristiche. **Possono essere sia forze di distruzione assetate di sangue che guide e protettori compassionevoli. Rappresentano la natura complessa e sfaccettata dell'antica mitologia egizia,** dove luce e oscurità, creazione e distruzione, si intrecciano in un arazzo cosmico.

DEE MESOPOTAMICHE

Entrate nelle antiche terre della Mesopotamia, dove i veli tra i mondi sono sottili e i sussurri di dee dimenticate riecheggiano nell'ombra. **Ereshkigal, Lilith e Inanna** vi aspettano, ognuna delle quali custodisce segreti del divino femminile che risuonano nel profondo della vostra anima.

Come **ricercatori** alla **ricerca** di un radicamento interiore, vi trovate attratti dalle loro storie, dai loro misteri che si intrecciano con il vostro stesso viaggio. **I loro miti non sono solo racconti antichi, ma specchi che riflettono le sfaccettature nascoste del vostro essere.**

Ereshkigal, l'enigmatica regina degli inferi, **vi invita a entrare nelle profondità della trasformazione.** Ella governa il regno in cui le anime affrontano le loro verità più profonde. *Nei momenti in cui affrontate le vostre ombre, la presenza di Ereshkigal è lì, a guidarvi attraverso l'oscurità.* **La sua storia insegna che abbracciare l'ignoto può portare a una profonda rinascita.**

Lilith, avvolta nel mistero e spesso incompresa, incarna **la feroce indipendenza e lo spirito indomito** che si **agita dentro di voi. È l'incarnazione dell'autonomia,** che rifiuta di essere sottomessa o messa a tacere. *Quando affermate i vostri confini e onorate i vostri veri desideri, camminate al fianco di Lilith.* **La sua storia vi incoraggia ad abbracciare il vostro io autentico senza scuse.**

Inanna, dea dell'amore e della guerra, **naviga nel delicato equilibrio tra le polarità. La sua discesa negli inferi e il suo ritorno trionfale** simboleggiano i cicli di perdita e rinnovamento che sperimentate nella vostra vita. *Nei momenti di difficoltà e di rinascita, il viaggio di Inanna rispecchia il vostro percorso verso la completezza.* Vi invita a trovare la forza nella vulnerabilità e la saggezza nelle avversità.

Attraverso le loro leggende, si scopre la natura multiforme del divino femminile. Queste Dee Oscure non sono confinate alla sola oscurità, ma comprendono l'intero spettro dell'esistenza. Esse possiedono le chiavi per comprendere le complessità dentro di voi, illuminando sia l'ombra che la luce.

Approfondendo i loro miti, ruoli e qualità, si crea una connessione con questi potenti archetipi. I loro simboli risuonano con il vostro mondo interiore, offrendovi intuizioni e guida. *Un gufo notturno può ricordarvi la saggezza di Lilith, un cielo stellato notturno può riecheggiare il dominio di Ereshkigal, una rosa in fiore può simboleggiare la dualità di Inanna.*

Questo capitolo vi invita a viaggiare con Ereshkigal, Lilith e Inanna, esplorando le profondità delle loro storie e scoprendo i riflessi della vostra dea interiore. Abbracciando la loro saggezza, potrete trovare il fondamento e il potere che cercate.

Lilith

Conosciuta anche come Lillake, Lilitu, Belili e Baalat, Lilith tesse la sua presenza attraverso numerose culture e tradizioni. Come cercatori, potreste sentire la sua energia enigmatica che chiama una parte profonda della vostra anima.

Nella mitologia ebraica, **emerge come prima moglie di Adamo,** una donna creata allo stesso modo dalla stessa terra. **Lilith rifiutò di sottomettersi ai desideri del marito,** credendo nel rispetto reciproco e nell'uguaglianza. **Scegliendo la libertà piuttosto che la sottomissione, lasciò l'Eden** e, secondo alcuni racconti, si trasformò in un serpente che portò all'esilio di Adamo ed Eva. **La sua storia riflette il coraggio di rimanere fermi nelle proprie convinzioni,** anche quando questo porta all'isolamento.

Tuttavia, **le sue origini risalgono a una** dea sumero-babilonese con simili qualità oscure e spiritose. **Lilith è raffigurata come un essere notturno,** talvolta accompagnato da un gufo o che si trasforma in esso. **Si aggira nell'ombra della notte,** simbolo del mistero e del femminile indomito. *In alcune leggende, l'impossibilità di generare figli alimenta la sua angoscia, portandola ad atti di vendetta.* **Al contrario, i Cananei la veneravano come "Divina Signora",** evidenziando la sua natura poliedrica.

Una delle sue prime menzioni si trova su una tavoletta d'argilla di Ur, risalente al 2000 a.C., ma **la sua essenza risale a Sumer intorno al 3000 a.C.** Nelle leggende babilonesi, **è la Fanciulla della Desolazione,** una figura allo stesso tempo temuta e ammirata. **Nonostante le sue caratteristiche demoniache - artigli e zampe d'uccello - possiede una bellezza incantevole.** *Nessun uomo che la incontra può resistere al suo fascino.* Nei rituali,

Lilith è rappresentata da diaspro rosso, granato o corniola, pietre che **trasmettono passione e sensualità.**

In una leggenda sumera, la **gelosia di Lilith nei confronti di Inanna**, dea della guerra e dell'amore, **la porta ad abitare un albero sacro** che Inanna intende far diventare il suo trono. **Sotto forma di uccello, Lilith si appollaia sull'albero**, impedendo a Inanna di reclamarlo. *Alcuni sostengono che questo atto fosse un tentativo deliberato di ostacolare l'ascesa al potere di Inanna.* **Ma quando l'eroe Gilgamesh interviene, Lilith fugge**, permettendo a Inanna di assumere il posto che le spetta.

La sua associazione con i seni nell'antica cultura mesopotamica è legata al suo simbolismo sessuale. Si dice che Lilith provochi malattie nelle donne, impedendo loro di allattare e facendo soffrire i loro figli. *Questo forse rispecchia il suo stesso dolore e il desiderio di impedire ad altri di provare ciò che lei non può provare.*

Come Dea Oscura potenziante, Lilith incarna la Libertà Selvaggia. Vi insegna ad abbracciare chi siete veramente, confidando che coloro che sono destinati ad accettarvi troveranno la loro strada nella vostra vita. **Incoraggia la sovranità di sé**, anche quando la società vi svergogna o vi mette da parte per i vostri pensieri, sentimenti o azioni. **Nessuna convalida esterna vale il sacrificio della vostra verità interiore o l'abbandono dell'amore che avete per voi stessi.**

Lilith vi esorta a non sottomettervi ciecamente alla volontà e ai bisogni degli altri. Al contrario, **vi ispira a sollevare coloro che sono emarginati dalla società, a dedicarvi a una passione feroce che sostenga le vostre tenere qualità** anziché reprimerle. **Lavorare con Lilith può avvicinarvi all'archetipo divino femminile con cui vi identificate**, dandovi la possibilità di stare nella vostra luce.

Allo stesso tempo, **non sostiene la necessità di ignorare i bisogni dei vostri cari. Lilith favorisce l'innalzamento dei vostri standard**, trovando il modo di onorare le richieste degli altri e allo stesso tempo di occuparvi delle vostre. **Vi guida nel coltivare il seme della vostra saggezza interiore**, permettendo ai vostri valori di sbocciare in un mondo diverso. **Riconosce che i sentimenti di conflitto nel soddisfare i bisogni degli altri possono derivare da un vuoto interiore, ma abbracciarlo può portare a una profonda crescita personale.**

Questo aspetto oscuro di Lilith può sembrare pericoloso e intenso, ma contiene un potenziale di equilibrio. Può mettervi alla prova, spingendovi ad affrontare conflitti, irritazioni o tendenze egoistiche. *In termini moderni, può riflettere il lato ombra che tutti noi possediamo.* **Con consapevolezza e cautela, potete navigare in queste energie**, sfruttando il suo potere per una trasformazione positiva.

In tutte le culture, che sia vista come una miscela di luce e oscurità o completamente oscura, Lilith offre liberazione a coloro che incontra. Accogliendo le sue lezioni, si attinge a un senso di libertà disinibita, liberandosi di vincoli che non servono più. Sebbene alcuni possano considerare i suoi metodi radicali, **essi possono essere necessari per affrontare verità che altrimenti eviteremmo.**

Lilith è un potente archetipo che invita a scavare nelle profondità del proprio essere. **Vi sfida ad abbracciare tutte le sfaccettature di voi stessi**, sia l'ombra che la luce, **liberando la libertà selvaggia che è in voi.**

Inanna

**Conosciuta dai Sumeri come "la signora dei cieli", Inanna è
una delle divinità oscure più complesse e misteriose. Come
cercatori**, potreste sentire l'attrazione della sua duplice natura,
che incarna sia il potere feroce che la profonda vulnerabilità.
L'energia di Inanna scorre tra luce e oscurità, tra il mondo
superiore e quello sotterraneo, sfidandovi a esplorare le parti
nascoste di voi stessi.

Si ritiene che Inanna sia figlia di **Ningal** e **Anu** e sorella gemella
di **Ereshkigal**, un'altra dea oscura della mitologia mesopotamica.
La sua storia è un intreccio di contraddizioni. In alcuni miti,
Inanna viene spinta a un matrimonio combinato con Dumuzi,
il dio pastore. In altri, Dumuzi è solo il suo consorte, un amante
di passaggio nel suo viaggio senza fine verso la padronanza di
sé. **In ogni caso, Inanna mantiene ferocemente i suoi confini**,
resistendo all'idea che i suoi desideri possano essere controllati
da un altro. Questo contrasta con la sua rappresentazione
nell'*Epopea di Gilgamesh*, dove insegue l'eroe con una lussuria
tempestosa e viene respinta, un rifiuto che rivela ulteriormente
la complessità del suo carattere.

I suoi tratti cambiano come le fasi lunari. Da un lato, **Inanna è
una dea ambiziosa e potente**, una sovrana influente e assetata di
conquiste. Dall'altro, è **vista come una fanciulla timida, la cui
libertà è limitata dalla società che la circonda. La sua sensualità
è un tema centrale in tutte le sue storie**, una cruda espressione
del suo potere divino. **Nei cuori dei suoi seguaci, Inanna viene
pregata per ottenere aiuto in caso di amore non corrisposto e
impotenza.** *Alcuni sostengono addirittura che fosse la patrona delle
"signore della notte", una protettrice delle persone dimenticate e non
amate.*

Spesso viene raffigurata in forme contrastanti. Nell'arte, **Inanna può apparire nuda**, la sua figura rivela la vulnerabilità che si cela sotto il suo potere. In altre immagini, **indossa un'armatura, una guerriera con le armi al fianco**, pronta a difendere ciò che è suo. In alcune raffigurazioni **porta** persino **la barba**, rivendicando la forza maschile necessaria per ottenere rispetto e autorità in battaglia. Questa dualità parla del nucleo della sua natura: una **dea che può essere allo stesso tempo feroce e protettrice, portatrice di vita e foriera di morte**.

Il legame di Inanna con gli inferi è una delle storie più significative che la definiscono come dea oscura. Nella sua discesa, viene spogliata di tutto: del suo potere, della sua bellezza, della sua stessa identità. A ciascuna delle sette porte del mondo sotterraneo, cede sempre di più di se stessa, strato dopo strato, fino a trovarsi nuda davanti a sua sorella, **Ereshkigal**. Qui affronta l'oscurità più profonda, il confronto definitivo con la propria mortalità e il proprio ego.

In una versione del mito, la **discesa di Inanna è un gesto di riconciliazione**, un desiderio di ricucire la frattura tra lei e la gemella. Tuttavia **Ereshkigal, in lutto per la morte del marito, non è in vena di perdono**. *Anzi, alcuni sostengono che siano state le azioni di Inanna a causare la morte del marito.* Le sorelle, legate dal sangue ma separate dai loro regni, non riescono a guarire le loro ferite. **Ereshkigal lascia Inanna a morire**, appendendo il suo corpo a un gancio, senza vita e impotente.

Ma **la storia di Inanna non finisce con la morte**. Con l'aiuto del suo fedele servitore, **Ninšubur**, e del dio **Enki**, viene rianimata - rinata *attraverso le acque rosse della vita*. Emerge dagli inferi, trasformata, con più potere di prima. **Questo viaggio rispecchia quello che molti di noi devono intraprendere quando affrontano le parti più oscure di se stessi**. Non si tratta di un percorso di semplice introspezione, ma di una resa totale, che spoglia le illusioni che ci hanno protetto dalla nostra ombra.

Come **cercatori**, siete invitati a intraprendere il vostro "viaggio nel mondo sotterraneo". **Inanna vi incoraggia a esplorare le parti nascoste e represse di voi stessi che potreste temere o negare.** *Non si tratta di luoghi di risposte semplici, ma di realizzazioni profonde e spesso dolorose.* Inanna dimostra che è solo affrontando questa oscurità che può emergere il vero potere. **Come lei, potreste scoprire che il vostro viaggio porta alla morte dell'ego,** ma da quella morte sbocciano nuova vita e comprensione.

Questo viaggio non è per i deboli di cuore. Richiede il coraggio di arrendersi all'ignoto, di spogliarsi di tutto ciò che mantiene intatto il proprio ego e di affrontare la cruda verità di chi si è al di sotto di tutto. **Il mito di Inanna insegna che gli strati che indossiamo per proteggerci possono anche tenerci in trappola.** Affrontando l'ombra non ci si indebolisce, ma si **acquisisce la forza di guarire e crescere**, scoprendo il dolore, la vergogna, il senso di colpa e la negazione che ci hanno frenato.

Inanna emerse dalla sua discesa con maggiore potere e intuizione, reclamando il suo titolo tra i vivi e i morti. Divenne **la dea della trasformazione** e il suo viaggio rispecchia i cicli che attraversiamo nella nostra vita. **Come Dea Oscura, insegna che le parti più oscure di noi stessi contengono le chiavi della nostra vera forza. Il suo potere risiede nell'abbracciare l'intero sé: la luce e l'oscurità, la vulnerabilità e la ferocia, l'amore e la rabbia.**

Lavorando con Inanna, **anche voi potrete trovare il coraggio di scendere nell'oscurità interiore**, di affrontare le parti di voi stessi che vi sembrano troppo difficili da affrontare. E come lei, **risorgerete** trasformati, più forti e più integri di prima.

Ereshkigal

Ereshkigal, la regina degli Inferi, si muove nell'ombra con tranquilla autorità, la sua presenza è allo stesso tempo temuta e venerata nell'antica mitologia mesopotamica. **Come cercatori**, potreste sentire la sua energia agitarsi nelle parti più profonde della vostra anima, dove risiede il peso delle paure non espresse e delle ferite non rimarginate. Non è una figura che si cerca a cuor leggero, ma una volta udito il suo richiamo, è impossibile ignorarlo.

Il suo nome, **Ereshkigal**, si traduce in "Regina del Grande Sotto". **Governa la terra dei morti, un luogo dove le anime mangiano polvere e bevono fango**. Si dice che il suo palazzo, **Ganzir**, sia costruito in **lapislazzuli**, un luogo di fascino e pericolo, dove le anime vengono attirate nel suo regno ma non tornano mai più. **Ereshkigal tiene strette le anime, rifiutandosi di liberarle**, come guardiana di misteri che i mortali temono di scoprire. **I suoi sette cancelli sorvegliano la strada verso il mondo sotterraneo**, ognuno dei quali porta via un numero maggiore di persone che lo attraversano. Il suo ruolo di unica sovrana di questo regno oscuro è stato condiviso solo quando ha preso **Nergal** come consorte, una divinità che l'ha aiutata a governare il regno dei morti.

Ma al di là del suo ruolo di regina dei morti, **Ereshkigal è una forza di trasformazione**, che incarna il viaggio attraverso la morte, il dolore e la perdita per emergere in qualcosa di più potente. Il suo potere non risiede solo nel governare gli inferi, ma anche nel **guidare coloro che osano affrontare l'oscurità dentro di sé**. *È il sussurro all'orecchio che vi spinge a guardarvi dentro, ad affrontare il dolore che avete nascosto e a riconoscere il lutto che indugia nella vostra ombra.*

La presenza di Ereshkigal si fa sentire soprattutto nel mito della discesa di Inanna. Mentre sua sorella, **Inanna**, risplende nel mondo superiore, Ereshkigal governa in basso in solitudine. Quando Inanna scende verso di lei, cercando di reclamare il trono degli inferi, **Ereshkigal non la accoglie a braccia aperte**. Al contrario, spoglia Inanna di tutto, lasciandola esposta e vulnerabile. **Questa è l'essenza del potere di Ereshkigal: spogliare gli strati dietro cui ci nascondiamo**, costringendoci a confrontarci con ciò che sta sotto. *Solo arrendendosi al dolore, alla perdita di controllo, può iniziare la vera trasformazione.*

Pur essendo temuta, **Ereshkigal è anche rispettata**, soprattutto per la sua oscura sensualità. Nelle antiche raffigurazioni è **rappresentata come una donna alata e nuda**, circondata da simboli di potere: gufi, leoni e serpenti. I suoi piedi sono artigli e lei sta in cima a leoni, incarnando le forze selvagge e indomite degli inferi. **È primordiale, cruda e non omologata**, e ci ricorda che c'è potere nell'abbracciare le parti di noi stessi che la società può considerare troppo selvagge o troppo oscure. *Le sue ali sono rivolte verso il basso, per radicarla nel regno dei morti, ma il suo potere sale come una marea all'interno.*

Come **Dea Oscura**, Ereshkigal vi chiama a viaggiare nel vostro mondo sotterraneo, ad affrontare le ombre del vostro passato, il vostro dolore, le vostre paure più profonde. **Insegna che il lutto e il dolore non vanno scacciati in fretta, ma vanno accolti con compassione, elaborati lentamente e trasformati in potere. Le soluzioni rapide non servono in questo caso.** Ereshkigal insegna che **il processo di guarigione richiede pazienza, amore e comprensione**, non evitamento. *Il dolore, se accolto, può diventare il fondamento della vostra rinascita.*

Molti di coloro che lavorano con **Ereshkigal la trovano una forza potenziante nei momenti di profonda trasformazione**. È particolarmente potente per coloro che si impegnano nella guarigione ancestrale o nell'esplorazione di emozioni a lungo sepolte. *Vi insegna a nutrire il vostro dolore,* a non vederlo come un peso ma come una fonte di forza che, se integrata, può portare a una crescita profonda. **Ciò che proiettate all'esterno come paura, rabbia o dolore è solo un riflesso del dolore che avete dentro. Accogliendo il dolore**, si impara a reclamare il proprio potere e a trasformarlo in qualcosa di curativo e vivificante.

Ereshkigal possiede la chiave della vostra liberazione. Chiede che affrontiate le vostre paure, una per una, per affrontare il dolore, l'incertezza e le ombre che vi perseguitano. **Solo allora potrete essere veramente liberi, liberi** dai fardelli che vi opprimono, liberi dalle maschere che indossate e liberi di vivere pienamente nella vostra verità. *I suoi insegnamenti dimostrano che la paura di affrontare il dolore è molto più grande del dolore stesso.* **Aprendovi all'oscurità,** scoprirete che non vi consumerà. Anche se vi sembrerà di morire di mille morti, ne uscirete, come Ereshkigal stessa, rinati con chiarezza e forza.

Questa dea degli inferi vi ricorda che **la sovranità viene dall'interno.** Per reclamare la vostra vita, dovete prima reclamare la vostra ombra, onorandola con la stessa riverenza che riservate alla vostra luce. **Ereshkigal è al vostro fianco in questo viaggio,** offrendovi il potere di guarire e la forza di affrontare qualsiasi cosa accada.

DEA SLAVE

L'antica tradizione slava sussurra attraverso i secoli, sfuggente e misteriosa, con frammenti sparsi come ricordi dimenticati. **Come cercatori**, potreste sentire l'attrazione di questo mondo nascosto, un luogo in cui il velo tra i vivi e lo spirituale è sottile e gli antichi dei indugiano ancora nell'ombra. **La mitologia slava è un rompicapo per gli storici**, poiché non esistono documenti scritti originali delle divinità, dei rituali o delle storie che hanno plasmato le credenze degli antichi slavi. **Ciò che sappiamo oggi proviene da coloro che sono venuti dopo, monaci** e cronisti che hanno catturato queste storie durante la cristianizzazione della regione.

Tuttavia, **questi racconti sono molto più antichi di quanto non suggeriscano i documenti**, con radici che alcuni ricercatori fanno risalire all'era proto-indoeuropea, e forse addirittura al periodo neolitico. **Gli Slavi non erano un gruppo unificato**, ma un insieme di tribù, ognuna con i propri dei, rituali e miti. Le loro storie venivano tramandate di generazione in generazione, plasmate dalla terra e dalle persone che la chiamavano casa. In Oriente, le credenze degli Slavi si intrecciavano con quelle degli antichi iraniani, le cui divinità condividevano tratti e poteri.

Alla fine del XII secolo, le antiche tradizioni slave erano ormai agli sgoccioli. **Il vescovo Absalon e le sue forze danesi invasero** e, con la distruzione della statua di **Svantevit**, il dio della guerra e dell'abbondanza, si **chiuse una porta sul paganesimo slavo**. Le vecchie usanze furono sostituite dal cristianesimo e gli dei e le dee del pantheon slavo furono dimenticati dai più.

Ma **non tutti sono scomparsi. Alcuni rimangono nell'ombra**, con le loro storie e i loro poteri ancora vivi nei cuori di coloro che ricordano. **Tra queste figure dimenticate ci sono due potenti e oscure divinità femminili:** Baba Yaga e Marzanna. **Queste dee sono spesso fraintese**, la loro vera natura oscurata dal tempo e dalle interpretazioni successive. Ma nelle loro storie c'è potere, mistero e una profonda connessione con i cicli di vita, morte e rinascita.

Baba Yaga, forse la più famosa delle dee slave, è una figura di terrore e di saggezza al tempo stesso. **Vive nel profondo della foresta**, con la sua casa appollaiata su zampe di gallina, sempre voltata verso chi la cerca. **La sua natura è ambigua:** è sia portatrice di morte che donatrice di vita. A coloro che entrano nel suo regno, offre enigmi e sfide, costringendoli a confrontarsi con le loro paure più profonde. *Alcuni che cercano la sua saggezza la trovano, ma solo dopo aver pagato un prezzo.* **Baba Yaga insegna che la saggezza non viene dalla sicurezza, ma dal rischio e che per crescere bisogna affrontare l'oscurità.**

Nelle storie slave **è spesso raffigurata come una vecchia megera**, sparuta e curva, ma il suo potere è immenso. **Rappresenta la selvaticità del mondo naturale**, indomabile e imprevedibile. **Incarna i cicli di morte e rinascita**, proprio come l'alternarsi delle stagioni. Coloro che la comprendono, che si avvicinano a lei con rispetto, possono lasciare la sua foresta cambiati, più forti, più saggi e più radicati. *Ma per coloro che cercano di ingannarla o di usare il suo potere in modo egoistico, Baba Yaga non ha pietà.*

Marzanna, invece, è la dea dell'inverno e della morte. **La sua storia si intreccia con il volgere delle stagioni.** Ogni anno, quando scende l'inverno, **la fredda morsa di Marzanna si stringe sulla terra**, simboleggiando la morte del vecchio anno e l'avvicinarsi dell'oscurità. **Rappresenta l'inevitabile fine**, la parte del ciclo che deve precedere il rinnovamento. Nell'antica tradizione slava, **la donna veniva onorata con rituali alla fine dell'inverno.** *I villaggi creavano un'effigie di Marzanna,* che poi bruciavano o annegavano, ponendo simbolicamente fine all'inverno e accogliendo l'arrivo della primavera.

Ma **Marzanna è più di una portatrice di morte. È anche un simbolo di trasformazione.** La sua presenza ci ricorda che la fine non è definitiva, ma è una parte necessaria del ciclo della vita. **Nel suo freddo c'è una forza tranquilla,** la quiete che precede l'inizio di una nuova vita. **Lavorare con Marzanna significa confrontarsi con la propria fine,** capire che ogni perdita, ogni morte, è seguita da una rinascita. *Solo abbracciando il freddo e l'oscurità possiamo apprezzare veramente il calore e la luce che seguono.*

Sia Baba Yaga che Marzanna rappresentano aspetti potenti del femminile oscuro. Non sono facilmente comprensibili, né sono destinate ad esserlo. Vi sfidano, come cercatori, a confrontarvi con le parti di voi stessi che sono nascoste o temute. Vi chiedono di camminare nella foresta, di sentire il freddo dell'inverno e di affrontare l'ombra. **Solo così potrete sbloccare le parti più profonde del vostro essere,** quelle che aspettavano di essere notate.

Le loro storie non sono solo racconti antichi, ma guide per il vostro stesso viaggio. Baba Yaga e Marzanna vi ricordano che la vita è piena di cicli, di fini e inizi, di morte e rinascita. **Abbracciando sia la luce che l'oscurità,** si diventa integri, radicati e in sintonia con il flusso naturale del mondo.

Baba yaga

Baba Yaga, l'antica divinità delle vecchie ossa, emerge dalle profondità del **folklore slavo** come una figura che incute timore e fascino al tempo stesso. **Come cercatori**, potreste essere attratti dalla sua natura misteriosa e complessa, che resiste a definizioni chiare. Conosciuta come una **famigerata strega**, Baba Yaga risiede nelle profondità della vasta foresta selvaggia in una capanna mistica, il cui potere si intreccia con le ombre dell'ignoto.

Sebbene sia temuta per la sua fama di **imprigionare e consumare le sue vittime**, soprattutto i bambini, **la presenza di Baba Yaga ha un significato più profondo**. È più di una strega delle tenebre: **è un simbolo di emancipazione** e trasformazione **femminile**. Il suo legame con l'**Acqua della Vita**, un liquido mistico in grado di resuscitare i morti, rivela il suo ruolo di distruttrice e donatrice di vita. *Avvicinarsi a Baba Yaga significa confrontarsi con le forze crude della morte e della rinascita dentro di sé.*

Il vero significato di **"Baba Yaga"** rimane sfuggente, e ciò accresce la mistica che la circonda. **"Baba"** è comunemente inteso come **"vecchia"** o **"nonna"**, ed è ancora usato in paesi come la Bulgaria e la Serbia per riferirsi alle donne anziane. Ma la parola **"Yaga"** è un enigma, le sue origini non sono chiare. Alcuni ritengono che possa derivare da parole di altre **lingue slave**, come **"jeza"**, che significa orrore o rabbia, o **"jedza"**, che significa strega. Se il suo nome e le sue origini sono avvolte nel mistero, **la sua presenza nella cultura slava è innegabile**. *Esisteva già da molto tempo prima dei documenti scritti, una forza tramandata attraverso la tradizione orale.*

Nei racconti antichi, **Baba Yaga è rappresentata come una figura terrificante:** denti di ferro **affilati**, un corpo lungo e ossuto e un naso così appuntito da toccare il soffitto della sua capanna. **Le sue gambe sono sottili e fatte di argilla**, ed è spogliata di ogni femminilità, impegnandosi in attività che sfidano le convenzioni della femminilità. A differenza della strega stereotipata che vola su una scopa, **Baba Yaga viaggia in un mortaio, uno** strumento tradizionalmente usato dalle donne per macinare il lino e filare la tela, **simboli di nascita, creazione e morte**. Si muove con un pestello e spazza via le sue tracce con una scopa, andando sempre avanti, cancellando sempre il passato. *Il suo viaggio è simbolo del ciclo infinito della vita e della morte.*

Ma Baba Yaga è molto di più di quanto raccontano le storie. Sebbene molti la temano per la sua natura caotica e imprevedibile, **è una custode di una profonda e antica saggezza**. *Cercarla significa andare incontro all'ignoto, essere disposti a rischiare tutto per trasformarsi.* Chi osa entrare nella sua foresta viene messo alla prova, sfidato a dimostrare il proprio valore. Se ci riescono, **Baba Yaga può concedere loro l'aiuto che cercano**. Se falliscono, non ha pietà.

La sua **capanna**, un'immagine iconica del folklore slavo, è incantata quanto lei. **Si regge su massicce zampe di pollo** che le permettono di muoversi liberamente nella foresta, **alla ricerca di chi ha bisogno della guida di Baba Yaga**. La capanna geme e scricchiola a ogni passo, la sua stessa struttura è viva, circondata da ossa e teschi umani, un chiaro avvertimento del pericolo al suo interno. Tuttavia, **la casa stessa ha un'anima propria**, un riflesso delle forze selvagge e indomite che Baba Yaga incarna. I teschi umani che circondano la capanna non sono solo simboli di morte, ma ricordano la vita e la trasformazione che sempre seguono.

Baba Yaga fa parte di un archetipo più grande, insieme alle sue due sorelle, che condividono il suo nome e il suo potere. Insieme, **esse rappresentano la triplice dea**: fanciulla, madre e crone.

Baba Yaga è la crone, la figura saggia e terrificante che sovrintende alla transizione tra la vita e la morte. Detiene la conoscenza dell'**Acqua della Vita e della Morte**, capace di guarire le ferite con una mano e di riportare in vita i morti con l'altra. **Nel suo forno**, simbolo dell'utero e della terra, Baba Yaga porta il potere della creazione e della distruzione, della nascita e della morte. **Il suo fuoco brucia ferocemente**, ma dà anche la vita, un paradosso che definisce la sua esistenza.

Nelle storie, Baba Yaga non cerca le sue vittime. Non è guidata dal bisogno di conquistare o distruggere, come molti altri cattivi del folklore. **Aspetta coloro che la cercano** e, quando arrivano, li mette alla prova. **Le sue motivazioni sono neutre**, né buone né cattive. È una forza della natura, imprevedibile come una tempesta. Se vi avvicinate a lei con rispetto e coraggio, **può concedervi la trasformazione che cercate**. Ma se non riuscite a superare le sue prove, dovrete **affrontare la piena ira del suo potere caotico**.

La sua neutralità è ciò che rende Baba Yaga così potente e reale. Non opera secondo un codice morale e non le interessa essere compresa. **Esiste come figura di trasformazione**, che guida coloro che si rivolgono a lei nel loro viaggio, che se ne rendano conto o meno. *In questo modo, rappresenta le forze selvagge e indomite che sono in noi*, le parti che non sono legate alle regole o alle aspettative della società.

Una delle apparizioni più famose di Baba Yaga è la storia di **Vasilissa la bella**. Inviata nella foresta di Baba Yaga dalla crudele matrigna, Vasilissa viene sottoposta a una serie di prove che mettono alla prova la sua forza, il suo ingegno e la sua resistenza. **Baba Yaga le concede il fuoco che cerca**, ma non senza esigere un prezzo molto alto. Il fuoco riduce in cenere la crudele famiglia di Vasilissa, simbolo del potere distruttivo che deriva dalla trasformazione. Tuttavia, alla fine, **Vasilissa ne esce rafforzata, rinata grazie alle sue prove.**

In un altro racconto, **La principessa ranocchia**, un principe sposa una rana che in seguito si rivela una bellissima donna. **Baba Yaga svolge un ruolo fondamentale nel tentativo di riconquistarla dopo aver tradito la sua fiducia**, mettendo alla prova il principe e guidandolo verso la trasformazione di cui ha bisogno per tornare a essere degno della sua sposa.

Baba Yaga è una dea della trasformazione. Offre la via del cambiamento, ma non è priva di rischi. **Per lavorare con lei, dovete essere pronti ad affrontare le parti di voi stessi che più temete.** Non vi permetterà di nascondervi, né vi consolerà mentre attraversate le prove che vi pone davanti. **Ma se ci riuscirete, ne uscirete più forti, più radicati e più in contatto con il vostro vero io.** *Le sue lezioni sono dure, ma necessarie per coloro che cercano un radicamento e un rafforzamento interiore.*

Nel mondo di Baba Yaga, siete chiamati ad affrontare le parti selvagge e indomite di voi stessi, ad abbracciare l'oscurità e l'incertezza che derivano dalla trasformazione. **Solo allora potrete accedere alla saggezza più profonda che vi offre**, e solo allora potrete trovare la strada per recuperare il vostro potere.

Marzanna

Marzanna, la **dea dell'inverno e della morte**, porta con sé la fredda morsa del mondo sotterraneo e il suo nome viene sussurrato in molte forme, come **Morana, Marzena e Morena**. È la controparte oscura di **Cerere**, la dea romana dell'agricoltura, e di **Ecate**, la dea greca della stregoneria e della notte. La presenza di Marzanna si estende ben oltre gli aridi campi invernali. **Come viandanti** che cercano risposte nell'ombra, potreste scoprire che il suo potere freddo e misterioso tocca qualcosa di più profondo dentro di voi.

Nella mitologia slava, **Marzanna non è solo la dea dell'inverno**, ma incarna la natura ciclica della vita e della morte. La sua è una storia di trasformazione, rinascita e delicato equilibrio tra distruzione e creazione. Un tempo era una dea della natura, legata alla terra fertile. **Ma il tradimento trasformò il suo cuore in ghiaccio** e l'inverno divenne il suo dominio.

La leggenda del **matrimonio di Marzanna con Jarylo**, il dio della primavera e della guerra, parla dell'eterna danza tra la vita e la morte. Marzanna, figlia di **Mokosz**, la grande madre, e di **Perun**, il dio del tuono, un tempo era allineata con le forze della vita. Quando Jarylo, suo fratello gemello, fu rapito negli inferi da bambino, nessuno dei due conosceva la verità della loro relazione. Al suo ritorno, si innamorarono, ignari del loro sangue comune. **La loro unione portò equilibrio nel mondo**, ripristinando i cicli naturali di vita e morte, crescita e decadenza. Ma come tutte le cose, anche questa armonia fu fugace. Quando Jarylo la tradì, **Marzanna lo uccise in preda alla rabbia**, segnando la fine della stagione fertile e l'arrivo del gelo invernale.

Il suo dolore e la sua rabbia, il peso del tradimento, la trasformarono **nella fredda e temuta divinità della morte**. Nella sua furia, ha portato l'inverno sulla terra, il suo respiro gelido ha soffocato il calore della vita. **Quando la morte di Jarylo coincide con l'autunno**, inizia i lunghi e bui mesi invernali. Tuttavia, ogni primavera, **Dziewanna, la dea della primavera, uccide Marzanna**, permettendo a Jarylo di risorgere ancora una volta, per poi essere abbattuto di nuovo a ogni cambio di stagione. La loro tragica danza di amore e morte **scandisce il ritmo delle stagioni**, assicurando che né la vita né la morte possano regnare per sempre.

In questo modo, **la storia di Marzanna non è semplicemente una storia di morte**, ma di rinnovamento, dei cicli che si susseguono all'infinito nel mondo e in noi stessi. La sua presenza serve a ricordare che la morte non è una fine, ma una trasformazione, **una parte del più grande ciclo dell'esistenza.**

Il suo nome, **Marzanna**, deriva dall'antica parola che significa morte. La lega a **Marte**, il dio romano della guerra, e alla parola russa che indica la pestilenza. Morte, guerra, distruzione: questi sono i suoi domini. Tuttavia, sotto la superficie c'è qualcosa di più. Esplorando i suoi strati più profondi, **scoprirete che l'inverno, per quanto rigido, è necessario**. Permette la quiete, la riflessione e la preparazione della nuova crescita che seguirà.

Il ruolo di Marzanna come **messaggera dell'inverno** si riflette nella paura che evoca. **L'inverno porta con sé la morte, non** solo dei raccolti e degli alberi, ma anche del calore e della luce. Nelle società agricole, l'inverno era il periodo più temuto dell'anno, quando il cibo scarseggiava e il freddo poteva uccidere. Non c'è da stupirsi che Marzanna sia stata associata alla morte e alla decadenza, il **suo tocco gelido era foriero di sofferenza.**

Ma **c'è un potere nella sua freddezza**, nella dormienza che l'inverno richiede. La terra non può produrre frutti se prima non rimane incolta, e così anche noi dobbiamo permettere a parti di noi stessi di riposare, di appassire, affinché una nuova vita possa mettere radici. **Marzanna insegna al viandante che la morte non è qualcosa da temere**, ma da comprendere come parte dell'ordine naturale.

Nell'antichità, gli Slavi **onoravano Marzanna** alla fine dell'inverno, eseguendo rituali per rimandarla agli inferi. **Costruivano una bambola di paglia**, la vestivano con stracci e la facevano sfilare per i campi prima di bruciarla o annegarla in un fiume vicino. Questo atto non serviva solo a liberarsi dal freddo dell'inverno, ma anche a onorare il ciclo di morte e rinascita, a riconoscere il potere di Marzanna e poi a mandarla via perché potesse arrivare la primavera.

Gli aspetti più oscuri di Marzanna sono molteplici. In alcuni racconti appare come **Mora**, la **personificazione del destino** e uno spirito maligno che tormenta gli uomini nella notte. **È una mutaforma**, un'aguzzina che si nutre di paura e soffoca le sue vittime nel sonno. In queste storie, **Mora rappresenta gli incubi che ci perseguitano**, i pensieri oscuri che cerchiamo di evitare. Ma anche in questa forma, non è malvagia. **È l'ombra che tutti ci portiamo dentro**, la paura del cambiamento, della perdita, della morte. *E affrontandola, possiamo trovare la nostra forza.*

In un'altra veste, **Marzanna diventa Marui**, il demone della cucina che si nasconde dietro i fornelli e fa scherzi a chi dimentica di onorarla. **Si aggira come un'ombra**, la sua presenza si fa sentire nei più piccoli disturbi, ricordandoci che il regno domestico è anche un luogo di potere. Anche qui, l'**influenza di Marzanna si fa sentire: il** calore del forno, la trasformazione degli ingredienti grezzi in nutrimento, il potenziale sempre presente di creazione e distruzione.

Come **viandante alla ricerca di un punto d'appoggio**, Marzanna vi insegna ad abbracciare l'oscurità, la quiete dell'inverno e la quiete della morte. Vi ricorda che la **rinascita può avvenire solo attraverso l'accettazione della fine**. Il suo ciclo di morte e rinnovamento non riguarda solo l'alternarsi delle stagioni, ma anche i cambiamenti dentro di voi. **Dovete lasciar morire parti di voi stessi, vecchie** paure, convinzioni limitanti, cose che non vi servono più, prima di poter rinascere.

La mitologia di Marzanna si intreccia con le divinità del sole e della caccia, proprio come la **storia di Persefone e Demetra**. Quando Marzanna seduce il Cacciatore, il dio del sole, intrappola la sua luce in uno specchio magico, **isolando il mondo dal calore e dalla luce**. Per la sua gelosia e il suo dolore, scende l'inverno e **il mondo sprofonda nelle tenebre**. Ma ogni primavera, sua sorella **Zhiva** ritorna, ristabilendo l'equilibrio e permettendo il ritorno del calore del sole.

Nella storia di Marzanna **c'è l'eterna danza della luce e del buio, della vita e della morte**. La sua **morsa gelida può sembrare implacabile**, ma al suo interno si nasconde la promessa di rinascita. Mentre percorrete il vostro cammino, **Marzanna vi sfida ad affrontare l'oscurità a testa alta**, a confrontarvi con il vostro inverno e a confidare che la primavera arriverà. **Il suo potere non risiede nel freddo in sé**, ma nella consapevolezza che dalla morte nasce la vita, dalla quiete il movimento e dall'oscurità la luce.

DEE INDÙ

Nel vasto e intricato arazzo della mitologia indù, esiste una profonda e misteriosa venerazione per le **Dee Oscure**. Queste dee - Kali, **Durga, Chinnamasta** e **Chamunda** - portano con sé non solo il potere della creazione e della distruzione, ma anche l'intensa e cruda energia della trasformazione. **Come viandanti** alla ricerca di un radicamento e di una chiarezza interiore, troverete in loro i riflessi del vostro stesso viaggio attraverso le ombre, attraverso i luoghi oscuri dell'anima dove nasce il cambiamento.

Gli indù comprendono l'universo attraverso la lente di Brahman, l'energia divina suprema e onnicomprensiva. Sebbene Brahman rappresenti la verità e la realtà ultima, le sue miriadi di sfaccettature si manifestano sotto forma di **molti dei e dee**. Ognuno di essi incarna un aspetto diverso delle caratteristiche di Brahman, offrendo percorsi per coloro che cercano la comprensione e l'illuminazione. Tra queste divinità **si distinguono le Dee Oscure, potenti**, feroci e talvolta terrificanti. Tuttavia, non sono semplicemente da temere. **Sono guide per coloro che osano esplorare le profondità** del proprio essere, insegnando che anche nella distruzione c'è il potenziale per la rinascita.

Kali, forse la più nota delle Dee Oscure, è temuta e venerata per il suo formidabile potere. Vestita di tenebre, con la pelle nera come il vuoto, è la distruttrice definitiva dell'illusione. Quando si incontra Kali, **come viandante**, si elimina tutto ciò che è falso, tutto ciò che ci impedisce di abbracciare la nostra vera natura.

Esige la verità e niente di meno. **I suoi capelli selvaggi**, liberi e fluenti, simboleggiano le forze indomite dell'universo e la sua collana di teschi ricorda che la vita e la morte sono intrecciate in una danza senza fine. *Kali vi insegna che per conoscere veramente voi stessi, dovete affrontare la morte dell'ego, la distruzione delle identità a cui vi aggrappate.*

Ma Kali non è semplicemente una dea della morte: è la **madre del tempo**, colei che dà vita ai cicli della vita. Nel suo aspetto distruttivo, fa piazza pulita del vecchio per far posto al nuovo. **Culla i suoi devoti tra le braccia feroci della trasformazione**, esortandovi a lasciar andare le vostre paure e ad abbracciare l'ignoto. **La sua lingua intrisa di sangue**, spesso raffigurata nell'arte, parla della crudezza del suo potere, della sua capacità di tagliare i falsi strati della realtà e di rivelare le verità primordiali che si celano sotto di essa. *Per chi è alla ricerca di un radicamento interiore, la lezione di Kali è semplice ma difficile: abbandonarsi al processo di distruzione, perché solo così si può rinascere.*

Durga, invece, incarna la guerriera divina, **la feroce protettrice di tutto ciò che è giusto e retto**. Cavalca in battaglia, le sue molte braccia brandiscono armi di potere divino, i suoi occhi sono pieni di concentrazione incrollabile. In sua presenza, non si percepisce la distruzione di sé, come nel caso di Kali, ma il potere di difendere il proprio vero io contro tutte le forze che cercano di ridurlo. **Durga rappresenta la forza interiore che possedete**, la tranquilla determinazione che è in voi e che rifiuta di piegarsi alle pressioni esterne. Rappresenta l'**energia divina femminile che non sarà domata o soppressa**, ricordandoci che anche nei momenti più bui c'è un guerriero dentro di noi che aspetta di risorgere.

Il potere di Durga è innegabile. Sconfigge i demoni che minacciano il cosmo, ma soprattutto sconfigge i **demoni**

interiori che affliggono il cuore e la mente: dubbi, paura, insicurezza. *La sua energia è il fuoco dell'autopotenziamento,* che brucia le limitazioni che vi ponete. Mentre cercate un punto d'appoggio, **Durga vi sussurra che a volte il cammino da percorrere richiede una battaglia, non** con gli altri, ma con le parti di voi stessi che resistono al cambiamento.

Chinnamasta, un'altra Dea Oscura, si confronta con una visione al tempo stesso scioccante e profondamente simbolica. Si trova **senza testa**, tenendo la propria testa mozzata in una mano, mentre il suo sangue scorre liberamente, nutrendo coloro che la circondano. **Il simbolismo di Chinnamasta è profondo:** rappresenta l'ultimo atto di autosacrificio, la resa di sé per un bene più grande. **Per il viandante**, Chinnamasta rappresenta una sfida a lasciare andare l'attaccamento alla mente, al bisogno di controllo dell'ego. **Chinnamasta mostra che il vero potere non risiede nell'io, ma nella capacità di trascenderlo**, di donarsi liberamente, senza aspettative.

In sua presenza, **vi viene ricordata la bellezza di lasciarsi andare**, di permettere all'energia divina di fluire attraverso di voi senza aggrapparsi a forme o identità. **La sua testa mozzata** simboleggia la necessità di liberare la mente dal pensiero eccessivo, di placare il chiacchiericcio costante che impedisce di sperimentare la pienezza del momento presente. *L'immagine feroce di Chinnamasta insegna che la resa non è una debolezza, ma una forma di forza definitiva: la* forza di avere fiducia nel processo, anche quando sembra di perdere tutto.

Chamunda, la più temibile delle Dee Oscure, incarna l'energia della morte, della distruzione e del feroce potere del femminile scatenato. **È la divoratrice di demoni** e la sua immagine è spesso terrificante: occhi affogati, corpo emaciato e una collana di teste mozzate. Tuttavia, all'interno di questo aspetto spaventoso si nasconde una profonda verità. **Chamunda vi mostra che non**

potete evitare l'oscurità che avete dentro. Dovete affrontarla di petto, senza esitazioni, se volete uscirne più forti e più fondati.

La sua energia è quella della **notte più buia**, il luogo in cui tutte le paure e le insicurezze vengono messe a nudo. **Ma in questa oscurità**, Chamunda vi ricorda che esiste anche il potere, **il potere di distruggere ciò che non vi serve più**, di liberarvi dalle limitazioni che vi trattengono. *Chamunda insegna che a volte la distruzione è necessaria*, non come atto di crudeltà, ma come atto di liberazione. **Quando la si affronta**, si è costretti a confrontarsi con le proprie paure più profonde, ma così facendo si acquisisce il potere di superarle.

Ognuna di queste **Dee Oscure porta con sé un'energia unica**, una forza potente che distrugge e crea allo stesso tempo. **Come viandanti**, potreste essere attratti dai loro misteri perché risuonano con qualcosa di profondo dentro di voi: la comprensione che per trovare il vostro vero potere, dovete prima affrontare le ombre che avete dentro. **Kali**, **Durga**, **Chinnamasta** e **Chamunda** non sono solo dee della distruzione; sono **dee della trasformazione**, che vi esortano a liberarvi da ciò che vi trattiene e ad abbracciare il feroce potere che giace sopito dentro di voi.

Nelle loro storie troverete la vostra: la lotta tra luce e buio, creazione e distruzione, morte e rinascita. Vi guidano attraverso questi cicli, mostrandovi che **il radicamento non consiste nell'aggrapparsi alla stabilità, ma nel trovare forza nel flusso costante del cambiamento**. *Arrendendosi alle forze della trasformazione*, ci si radica in modo più profondo e duraturo, **non nell'illusione della permanenza, ma nella natura mutevole e in continua evoluzione della vita stessa.**

Kali

Con la sua pelle nera o blu, la lingua grondante di sangue e una collana di teschi al collo, è una figura potente. **Il viandante** potrebbe sentire un brivido quando incontra per la prima volta la sua immagine, perché Kali incarna la distruzione dell'illusione, la fine dell'ego e il potere della trasformazione. Tuttavia, sotto il suo aspetto feroce, si nasconde una forza materna, che nutre e protegge i suoi devoti con un amore intenso quanto la sua ira.

Secondo gli antichi miti, Kali nacque dall'ira della dea della guerra **Durga**, che non riuscì più a contenere la sua furia mentre lottava contro il demone bufalo **Mahishasura**. Mentre Durga lottava, la sua rabbia si manifestò in Kali, un essere di pura distruzione. Kali divorava i demoni che affliggevano il mondo, portando le loro teste come trofei sotto forma di collana. La sua gonna, fatta di braccia mozzate, ricorda il suo potere inarrestabile.

Voi, come cercatori della vostra verità, potete guardare Kali con timore e paura, ma dovete capire che la sua violenza non è senza scopo. La distruzione di Kali è rivolta solo ai demoni dell'ignoranza, dell'ego e dell'illusione. Non distrugge per piacere, ma per purificare, per fare spazio a qualcosa di più profondo. **Nella sua mitologia, Kali attacca solo coloro che minacciano l'equilibrio cosmico**, assicurando che la verità e la giustizia prevalgano.

La storia di Kali ci mostra anche la profondità della sua ferocia, poiché in alcuni momenti persino gli dei tremano davanti a lei. Una volta, nella sua sete di sangue, non riuscì a fermare la sua furia. Solo quando calpestò suo marito, **Shiva**, che giaceva sul suo cammino, fu riportata alla ragione. **In quel momento**, Kali riconobbe che anche lei aveva bisogno di una pausa, per trovare un equilibrio tra distruzione e creazione. *Questo momento di riconoscimento non fu una sconfitta, ma un richiamo all'equilibrio tra la selvatichezza interiore e la calma che deve seguire.*

In un altro racconto della sua nascita, Kali sorse quando gli dei avevano bisogno di un salvatore per sconfiggere il demone **Daruka**, che poteva essere ucciso solo da una donna. Senza esitare, Kali rispose alla chiamata, ponendo fine al suo terrore. E nella storia di **Raktabija**, un demone la cui goccia di sangue creava nuovi demoni, la soluzione di Kali fu semplice: li divorò tutti, assicurandosi che nessun sangue potesse fuoriuscire e moltiplicare la minaccia.

Ma anche in queste rappresentazioni feroci, **Kali non è semplicemente una dea della guerra e della violenza**. È una figura materna, che protegge coloro che cercano la sua guida e distrugge solo per ricostruire. **Il suo amore è sconfinato come il suo potere**, e nei poemi antichi è spesso raffigurata come giovane, voluttuosa e irresistibile, nonostante l'immagine terrificante spesso associata a lei.

Come viandanti, potreste sentirvi attratti dal potere di Kali, sentendo l'attrazione della sua energia feroce. Ma la sua lezione è chiara: per trovare la vostra verità, dovete essere disposti a distruggere le illusioni che vi legano. Kali impugna sia la spada della distruzione che la mano della benedizione, offrendo sia paura che conforto, distruzione e protezione. **In questa dualità risiede la sua vera natura**, ed è attraverso di lei che potete connettervi con la vostra forza interiore, la vostra selvatichezza e il profondo amore materno che vi guida.

C'è un malinteso comune su **Kali**, che è importante chiarire. Spesso Kali viene erroneamente collegata al demone **Kali** del Kali Yuga, l'età delle tenebre e del declino morale nella cosmologia indù. Ma queste due cose non sono la stessa cosa.

Kali, la dea, rappresenta la distruzione che porta alla rinascita, mentre **il demone Kali** rappresenta il caos senza creazione, la fine senza rinnovamento. Kali, la dea, vi permette di affrontare l'oscurità interiore, di vincere le vostre paure e di risorgere dalle ceneri più forti di prima.

Kali è spesso venerata nelle sue molteplici forme, ognuna delle quali porta con sé una diversa sfaccettatura del suo immenso potere. Sia che la si veda come **Dhumavati**, la vedova che simboleggia la perdita e la morte, o come **Bhairavi**, la madre feroce che abbraccia sia la vita che la distruzione, **l'energia di Kali parla dei cicli di vita, morte e rinascita**. Ci ricorda che anche nei momenti più bui c'è la possibilità di una nuova vita, di una nuova crescita e di una trasformazione.

In una storia, un gruppo di ladri rapisce un monaco e progetta di ucciderlo vicino a una statua di Kali. La dea, infuriata per la loro intenzione di fare del male a un innocente, riporta in vita la statua e distrugge i ladri. Qui vediamo Kali non solo come distruttrice, ma come protettrice dei giusti, che punisce il male e mantiene l'equilibrio dell'universo.

Nella sua nudità, Kali incarna la purezza e la libertà, spogliata di tutte le aspettative e le illusioni della società. Rappresenta la sessualità, non nella sua forma addomesticata e civilizzata, ma nella sua forza grezza e indomita. **Vi ricorda** che per essere integri, per essere radicati, dovete abbracciare tutte le parti di voi stessi: la vostra oscurità, i vostri desideri, la vostra rabbia e il vostro amore. Non c'è vergogna in lei, c'è solo verità.

Quando vi rivolgete a Kali per avere una guida, potreste sentire la sua energia risvegliare qualcosa di profondo in voi. Lei non si sottrae alle verità difficili, e nemmeno voi dovreste farlo. **Il suo sguardo è diretto, senza peli sulla lingua,** e vi esorta a confrontarvi con ciò che più temete di voi stessi. Vi chiede di entrare nel fuoco, sapendo che, sebbene possa bruciare, purificherà anche.

Viandante, nell'abbraccio di Kali troverai un nuovo tipo di radicamento. Non è quello che deriva dall'immobilità o dalla stabilità, ma dalla profonda comprensione che potete sopravvivere alla distruzione del vostro vecchio sé. **Kali vi chiede di lasciar andare** ciò che non vi serve più, di non aver paura dell'oscurità interiore e di abbracciare il potere che deriva dalla trasformazione.

Quando invocate Kali, vi rivolgete alla forza della natura che distrugge per creare. **Nel vostro rituale, quando accendete la candela e chiamate il suo nome, le chiedete di guidarvi nella vostra rinascita**, di aiutarvi a tagliare le illusioni e gli attaccamenti che vi tengono lontani dalla vostra verità. Mentre meditate sulla sua immagine, lasciate che la sua energia feroce e protettiva vi riempia, ricordandovi che siete sia guerrieri che nutritori, sia distruttori che creatori.

Durga

Durga è una forza al di là di ogni comprensione, una dea
guerriera nata dall'unione dei poteri delle più grandi divinità.
Viandante, mentre cerchi di radicarti, sappi che Durga non è
solo una dea da ammirare; è un'energia, una forza, una
protettrice che ti circonda quando il mondo è incerto.

Le sue origini ci dicono molto sul suo ruolo nel vasto arazzo
della mitologia indù. Il mondo era in subbuglio, attanagliato
dalla paura mentre **Mahishasura**, il demone del bufalo, portava
scompiglio sulla terra e nei cieli. Né gli dei né gli uomini
riuscivano a placare il terrore che egli diffondeva. In questo
momento di crisi, la Triade Suprema - **Shiva**, **Brahma** e **Vishnu -
si** riunì. Dalle loro energie combinate emerse **Durga**. Non
nacque come una bambina, tenera e bisognosa di crescere. No, è
nata completamente formata, radiosa e feroce: una **guerriera
pronta a combattere**, una protettrice di tutto il creato.

Le sue **otto braccia**, ognuna delle quali impugnava un'arma, non
servivano solo a distruggere i demoni fisici, ma anche quelli
interiori: rabbia, arroganza, avidità e orgoglio. Nella sua
battaglia con Mahishasura, dimostrò il suo potere implacabile,
combattendolo mentre si trasformava in varie forme. Quando
infine assunse la forma di un bufalo, **la lama di Durga tagliò la
sua illusione**, uccidendolo e ristabilendo l'equilibrio
nell'universo.

Anche **voi** potreste sentire un legame con questa dea guerriera
quando la vita vi sembra un campo di battaglia. Forse non
dovete affrontare demoni come Mahishasura, ma sfide che
mettono alla prova la vostra forza, la vostra determinazione e i
vostri limiti. **Durga vi ricorda** che, anche di fronte a probabilità
schiaccianti, non siete mai impotenti. **La sua energia è dentro di**

voi, a ricordarvi che potete lottare contro le forze che cercano di sminuirvi, sia dentro che fuori di voi.

Il suo nome, **Durga**, ha un significato profondo. Derivato dalla parola sanscrita che significa "fortezza", indica il suo ruolo di fortezza infrangibile, di guardiana che protegge coloro che la cercano. È anche chiamata **Durgatinashini**, che significa "colei che elimina tutte le sofferenze". **Viandante, pensaci un attimo:** eliminare tutte le sofferenze. Questa è l'essenza della sua energia. **Quando vi sentite sopraffatti**, ricordate che Durga non combatte solo per le battaglie esterne, ma anche per quelle interiori. Il suo potere è il vostro potere.

Eppure, **Durga non è una dea della distruzione insensata**. C'è grazia, c'è controllo e soprattutto c'è compassione. **Cavalca un leone**, i suoi movimenti sono calcolati, la sua energia equilibrata. Il leone, simbolo di forza e controllo, riflette la capacità di Durga di domare la natura selvaggia che ha dentro. Le sue armi, pur essendo formidabili, sono strumenti di **trasformazione**, non semplicemente di morte. **La spada che impugna non serve solo per abbattere i nemici, ma anche per tagliare l'ignoranza, le illusioni che offuscano il cammino.**

In alcune storie, **Durga viene anche chiamata Tryambake**, la dea con tre occhi. **L'occhio destro** rappresenta il sole, la forza dell'azione. **L'occhio sinistro** incarna la luna, l'essenza del desiderio e dell'emozione. L'**occhio centrale**, l'occhio di fuoco, simboleggia la conoscenza pura. **In questo modo, racchiude tutti gli aspetti dell'esistenza, dall'**azione all'emozione alla saggezza. **Quando ci si rivolge a lei**, si invoca l'energia per vedere chiaramente attraverso il caos.

Il mito di Durga è ricco di simboli, ma nessuno è più potente della sua vittoria su Mahishasura. Non si trattava solo di una battaglia di forza fisica, ma di una battaglia di energie. Il demone rappresentava l'ego, le qualità distruttive della mente umana. **La**

vittoria di Durga simboleggia il trionfo della coscienza sull'incoscienza, della consapevolezza sull'ignoranza. **Combatte affinché possiate recuperare la chiarezza che si trova dentro di voi**, anche quando il mondo esterno appare oscuro e tumultuoso.

La sua **dualità** è ciò che la rende una dea così potente per coloro che sono sul cammino della scoperta interiore. È sia distruttrice che nutrice, sia feroce che compassionevole. **Viandante, se stai cercando di radicarti**, hai bisogno di entrambe queste energie dentro di te. Avete bisogno del fuoco della distruzione per bruciare ciò che non vi serve più e della dolcezza della compassione per nutrire ciò che è buono e vero nella vostra vita.

L'immagine di Durga, con le sue otto braccia e le sue armi, potrebbe sembrare opprimente a prima vista. Ma se si guarda più a fondo, si può notare un equilibrio, una comprensione del fatto che il potere, se usato con saggezza, può portare la pace. Ciascuna delle sue armi rappresenta un aspetto diverso della sua natura divina: la spada per la verità, il tridente per la guarigione, il loto per la purezza. **È sempre pronta, sempre equipaggiata per combattere da tutte le direzioni.** E così dovete essere anche voi, mentre attraversate le prove della vita, sapendo che anche voi potete difendervi dalle molte forze che cercano di allontanarvi dal vostro cammino.

Uno dei messaggi più significativi di Durga riguarda i **limiti. Vi insegna a proteggere la vostra energia, a** porre dei limiti a coloro che vi prosciugano la forza. La sua capacità di combattere su tutti i fronti ci ricorda che anche voi avete il potere di proteggervi dalla negatività, di proteggere il vostro cuore da coloro che vogliono farvi del male. Ma insegna anche la compassione: non combatte per cattiveria, ma per proteggere il mondo, per ristabilire l'equilibrio. **Quando si incarna l'energia di Durga**, si possono porre dei limiti senza escludere le persone.

Potete essere forti senza essere duri. Si può combattere senza perdere la compassione.

L'energia di Durga non è solo un concetto. È qualcosa che potete sentire, a cui potete fare appello quando ne avete bisogno. Nei momenti di dubbio o di paura, quando le sfide della vita sembrano troppo grandi, fate un respiro profondo e ricordate che Durga è con voi. **Lei è la voce dentro di voi che dice: "Non mi arrenderò"**. Lei è la forza nelle vostre ossa, il fuoco nella vostra anima.

Invocando la presenza di Durga, **viandante, fai appello alle riserve più profonde della tua forza**. Il suo messaggio è chiaro: combattete per ciò che è giusto, combattete per ciò che è vero, ma sempre da un luogo di pace interiore. Lasciate che sia la vostra guida, non solo nei momenti di battaglia, ma anche in quelli di forza tranquilla, in cui i vostri confini sono saldi, il vostro cuore è aperto e la vostra mente è chiara.

Durga vi ricorda che siete potenti oltre ogni misura e che con la sua energia potete superare qualsiasi ostacolo.

Chinnamasta

Nell'ombra del cosmo, **Chinnamasta** si erge come una dea la cui stessa forma sfida il viandante a confrontarsi con le complessità della vita e della morte, del desiderio e dell'autocontrollo. **Il suo nome - "quella con la testa mozzata" - evoca immediatamente un'immagine inquietante e potente**. Eppure, come per tutte le Dee Oscure, ciò che si cela sotto la superficie è una profonda verità che attende di essere rivelata.

Viandante, mentre cerchi il tuo radicamento interiore, **Chinnamasta** ti invita a guardare oltre l'immagine terrificante e a vedere l'atto sacro dell'autosacrificio, della trasformazione e l'immensa forza della forza femminile. Non è solo un simbolo di separazione, ma una guida per comprendere le profondità della resa e del potere che si ottengono quando si lascia andare l'ego, l'attaccamento e l'illusione del controllo.

Un giorno, come si racconta, **Parvati**, la dea dell'amore e della fertilità, si recò con i suoi assistenti alle acque sacre **del fiume Mandakini**. Lì, qualcosa di profondo dentro di lei cambiò: il suo corpo si oscurò e un'ondata di energia sconosciuta le scorreva nelle vene. Anche le sue assistenti furono colte da una fame inspiegabile e i loro occhi implorarono di essere nutriti. In quel momento **Parvati**, spinta dalla **compassione femminile** e dall'amore feroce, fece una scelta straordinaria. Estrasse la spada e, con un rapido movimento, si mozzò la testa, facendo sgorgare dal collo fiumi di sangue che alimentarono i suoi assistiti con l'essenza stessa della vita. Fu un atto di resa definitiva, che **sfidava l'ordine naturale** ma che parlava di una verità più profonda sul sacrificio e sull'amore.

Viandante, questo mito non riguarda solo Parvati o Chinnamasta. Riguarda **anche voi**. Parla dei momenti in cui vi sentite sopraffatti dal desiderio o oppressi da coloro che cercano in voi una guida, un sostentamento, una forza. Eppure, come Chinnamasta, scoprite che l'unico modo per dare veramente è cedere un pezzo di voi stessi. Ma questa separazione, questo atto di lasciar andare, non vi distrugge. Al contrario, rivela un potere più profondo dentro di voi.

Secondo un altro racconto della sua origine, **Chinnamasta** nacque dalla feroce battaglia tra gli dei e i demoni. Quando gli dei non poterono più resistere alla forza dei loro nemici, si rivolsero a **Mahashakti**, la dea suprema, per chiedere aiuto. Ella si presentò con una furia senza pari, uccidendo i demoni senza pietà. Eppure, nella sua vittoria, rivolse la spada contro se stessa, bevendo il proprio sangue per ricordare che il potere incontrollato, anche se al servizio del bene, deve essere temperato dall'auto-riflessione e dalla moderazione.

Questa dualità è il cuore di **Chinnamasta**. **È allo stesso tempo creatrice e distruttrice, nutrice e feroce guerriera**. Incarna **l'oscura energia femminile** che molti temono, ma che pochi comprendono. La sua immagine - una dea nuda e feroce che tiene la sua testa mozzata in una mano e una spada nell'altra - può sembrare inquietante all'inizio. Ma guarda meglio, **viandante**, e vedrai che rappresenta il paradosso della vita stessa. **Nella sua nudità, si libera degli orpelli del mondo materiale**. La sua testa mozzata, lungi dall'essere un simbolo di morte, rappresenta **la liberazione definitiva dall'ego e dall'attaccamento**. E nei flussi di sangue che sgorgano dal suo collo, dona la vita a coloro che la circondano.

Chinnamasta si erge sui morti, non come una dea della distruzione, ma come una persona che ha conquistato i suoi desideri, le sue paure e i suoi limiti. Vi sfida a fare lo stesso. A stare sopra le parti di voi stessi che non vi servono più, le paure e gli attaccamenti che vi impediscono di abbracciare pienamente il vostro vero potere.

Nel simbolismo di **Chinnamasta**, ogni dettaglio ha un significato. **Il serpente che porta al collo** parla del potere primordiale della trasformazione: liberarsi della vecchia pelle per rivelare la nuova. La sua testa mozzata, che beve il sangue dal suo stesso collo, mostra che il vero potere viene dall'interno. **Non si nutre di fonti esterne**, ma del profondo pozzo di forza che risiede nel suo cuore. **Viandante, puoi trovare quella forza dentro di te?** Puoi tagliare i legami che ti legano a vecchi schemi e nutrirti con la verità di chi sei veramente?

Anche se può sembrare terrificante, **Chinnamasta** è, in fondo, una madre. **Si sacrifica non per rabbia, ma per amore.** Non prende la vita senza senso: dà la vita recidendo la propria testa, simboleggiando la **morte dell'ego**. In questo modo, ci insegna che **a volte la trasformazione più profonda viene dal lasciare andare** ciò che pensiamo di dover tenere più a lungo. La sua storia, come quella di tante Dee Oscure, ci chiede di guardare oltre la superficie e di vedere le verità più profonde nascoste dentro di noi.

La forma feroce e nuda di Chinnamasta ci ricorda che dobbiamo affrontare le parti più crude di noi stessi, quelle che spesso cerchiamo di nascondere. **Vi invita a togliere gli strati** di protezione, di falsa identità, dell'ego che vi dice che siete separati dal divino. **La sua spada è il vostro strumento per tagliare queste illusioni,** per rivelare il potere che risiede nel cuore del vostro essere.

Per alcuni, il **gesto di Chinnamasta di tagliarsi la testa** potrebbe sembrare una follia. Ma c'è **una saggezza più profonda** nelle sue azioni. **Ci ricorda che per dare veramente, dobbiamo prima liberarci di ciò che non ci serve più.** Il suo coraggio, il suo

sacrificio e la sua volontà di affrontare le parti più oscure di sé
sono doni che lei offre a voi. **Li accetterete?**

Mentre percorri il tuo cammino, **viandante**, lascia che **la storia di
Chinnamasta** ti sia di guida. Quando vi sentite sopraffatti dalle
esigenze della vita, quando il peso delle aspettative preme su di
voi, **ricordate che avete il potere di recidere questi legami.**
Avete la forza di sostenere la vostra verità, anche quando ciò
significa affrontare le parti più oscure di voi stessi. Così facendo,
scoprirete di **non essere sminuiti**, ma resi integri.

Chinnamasta non è una dea della distruzione fine a se stessa. È
una dea della trasformazione, del lasciarsi andare,
dell'arrendersi al processo di vita e di morte, di creazione e di
distruzione. Ci ricorda che **non c'è creazione senza distruzione,**
né nascita senza morte, né trasformazione senza sacrificio. **E nel
suo amore feroce**, ci mostra che i doni più profondi spesso
provengono dai luoghi più dolorosi.

Mentre cercate il vostro radicamento interiore, **Chinnamasta** vi
incoraggia ad abbracciare sia la luce che l'oscurità dentro di voi.
A trovare la forza di lasciare andare ciò che non vi serve più e a
confidare che nella resa **troverete il vostro vero potere. La sua
testa mozzata non è un simbolo di perdita, ma di liberazione.** E
mentre percorri il tuo cammino, **viandante**, puoi trovare la stessa
liberazione dentro di te.

Chamunda

Chamunda, una dea nata dal sangue, dalla guerra e dal fuoco, ma anche madre, protettrice e forza di trasformazione.

Prima che **Chamunda** entrasse a far parte del pantheon indù, era già venerata da diverse tribù. Le sue origini sono avvolte nella notte dei tempi, ma una cosa è chiara: il suo potere è antico, la sua presenza innegabile. A differenza di molte dee che nascono nella luce, **Chamunda** è emersa dalle tenebre, forgiata nella battaglia e nella furia. **La sua esistenza** è stata una risposta all'ascesa dei demoni e il suo scopo era chiaro: ristabilire l'equilibrio attraverso la distruzione, proteggere attraverso l'annientamento.

La storia di **Chamunda** inizia con due ambiziosi fratelli demoni, **Shumbha** e **Nishumbha**, che cercavano di conquistare il mondo. Si torturarono per migliaia di anni, nascondendosi in un tempio per ottenere il favore di **Brahma**, il dio creatore. Quando lo impressionarono con i loro atti di devozione, **Brahma** concesse loro una ricompensa. I fratelli scelsero l'immortalità in una forma molto specifica: nessun uomo, nessun dio maschio avrebbe mai potuto far loro del male o ucciderli. Con questo dono, divennero inarrestabili, seminando il caos sulla terra e spingendo gli dei nell'ombra della paura.

Gli dei, impotenti contro i demoni, si rivolsero a **Devi Parvati**, la dea suprema. Lei guardò e aspettò, sapendo che solo lei aveva il potere di fermarli. **Viandante, la storia di Chamunda parla della pazienza e della quiete prima della tempesta. Parvati** si posizionò vicino ai demoni, in silenzio, sapendo che l'avrebbero notata. E così fu. La sua bellezza attirò l'attenzione di uno dei loro attendenti, che lo riferì a **Shumbha**. Il demone rimase affascinato da lei e inviò dei messaggeri per richiedere la sua presenza. Ma **Parvati** rifiutò. I demoni si arrabbiarono, sospettando che qualcuno sostenesse la sua resistenza. Ordinarono al loro esercito di costringerla alla sottomissione. Fu allora che nacque **Chamunda**.

Con un ruggito di sfida, **Chamunda** eruppe dalla fronte di **Devi Parvati**. Il campo di battaglia divenne il suo dominio. Era una forza della natura: i suoi folti capelli rossi incorniciavano un volto di implacabile potenza, i suoi occhi ardevano del fuoco della battaglia. **La sua pelle, rosso sangue**, rispecchiava il sangue che stava per versare. Con il suo arrivo, la marea della battaglia cambiò. Divorò **Chanda** e **Munda**, due dei più temuti generali dell'esercito demoniaco, **guadagnandosi il nome di Chamunda, un** nome inciso nel sangue e nella vittoria.

Mentre **Chamunda** danzava in trionfo, la sua energia pulsava attraverso la terra, scuotendo persino gli dei. **Viandante**, c'è un profondo mistero in questa danza di distruzione.

Stare al cospetto **di Chamunda** significa percepire il paradosso della sua natura: feroce **e amorevole, terrificante e compassionevole**. È una dea della guerra, della carestia e dei disastri, ma è anche una figura materna, una protettrice di coloro che la invocano nel momento del bisogno.

Il suo aspetto, da solo, evoca soggezione e paura.

Tre occhi, ognuno dei quali brucia con intensità, simboleggiano la sua natura onniveggente. Non guarda solo il mondo esterno, ma anche in profondità nella vostra anima, scoprendo ciò che si nasconde nel vostro cuore.

Quattro braccia, ognuna delle quali impugna un'arma, mostrano la sua disponibilità a combattere in qualsiasi momento e da qualsiasi direzione. Indossa una collana di teschi, ognuno dei quali testimonia le sue vittorie sui demoni del mondo. Eppure,

sotto i teschi e le armi, c'è una tenerezza. Il sangue che versa non è insensato; è deliberato, una forza protettiva destinata a salvaguardare l'ordine cosmico.

Chamunda, come molte Dee Oscure, cammina sul confine tra creazione e distruzione.

Non uccide per rabbia, ma per necessità. I demoni che uccide non sono semplici nemici: sono manifestazioni dell'**arroganza, dell'avidità e del caos**, le stesse forze che minacciano l'armonia. **Viandante**, qui c'è qualcosa da imparare per te. **Chamunda vi chiede di affrontare i vostri demoni:** i pensieri, i comportamenti e gli schemi che vi tengono legati. Ci ricorda che il vero potere risiede sia nella capacità di creare che nel coraggio di distruggere ciò che non ci serve più.

Il suo legame con **Shiva, il** dio della distruzione, amplifica la sua energia. Insieme, incarnano la dualità della vita e della morte, l'equilibrio dell'universo. Viene spesso invocata per rimuovere gli ostacoli, portare giustizia e bandire le forze negative. Ma nel farlo, chiede anche di **guardarsi dentro e di vedere le ombre che si devono liberare.**

Sebbene possa apparire temibile, **Chamunda** non è una forza di distruzione indiscriminata. Risponde a chi la cerca con cuore puro, a chi è disposto ad affrontare le proprie paure e la propria oscurità.

È una guida attraverso le ombre, che vi mostra che non c'è bisogno di temere l'oscurità quando portate dentro di voi la luce della vostra forza.

Mentre percorri il tuo cammino, **viandante**, sappi che **Chamunda** è lì con te, con la sua energia feroce che ti protegge dal male, ma anche che ti spinge a confrontarti con la verità di chi sei.

Vi chiede di essere abbastanza coraggiosi da fare un passo verso l'ignoto, di abbracciare il caos e di uscirne trasformati.

Quando la invocate, fatelo con riverenza.

Comprendete la profondità del suo potere e le lezioni che porta con sé. Non è una dea da chiamare con leggerezza, ma è sempre disposta a proteggere coloro che le mostrano rispetto e devozione.

Viandante, mentre ti inoltri in te stesso, confida che la forza di **Chamunda** fluisca attraverso di te.

Il suo amore feroce, la sua protezione incrollabile e la sua capacità di distruggere ciò che non serve più: questi **sono i doni che offre**.

E quando sarete pronti, vi guiderà attraverso le parti più oscure di voi stessi, aiutandovi a emergere, più forti e più allineati con il vostro vero potere.

Hiḍimbā

Le foreste dell'antica tradizione sono piene di segreti, dove dei e demoni camminano tra i mortali. In una di queste foreste, tra alberi imponenti e ombre dense di mistero, si svolge una storia che parla di potere, trasformazione e amore oltre i confini dell'ordinario. Questa è la storia di **Hiḍimbaa**, la feroce **rakshasi** che incrociò il cammino di **Bhīma**, il potente guerriero **dei Pāṇḍavas**. La sua presenza, al tempo stesso terrificante e incantevole, ci ricorda che la forza spesso emerge da luoghi inaspettati.

Mentre i **Pāṇḍavas** cercavano rifugio nei boschi profondi, sfuggendo ai loro nemici, entrarono inconsapevolmente nel dominio **di Hiḍimbaa**. La notte era fitta e, mentre gli altri dormivano, **Bhīma** vegliava. Lì, sotto la fitta chioma, si svolgeva un altro tipo di sorveglianza. **Hiḍimbā**, fratello **di Hiḍimbaa**, colse da lontano l'odore dei **Pāṇḍavas**. La sua sete di sangue si risvegliò e mandò sua sorella ad attirare il più forte di loro, **Bhīma**, in una trappola per poterlo divorare.

Ma, **viandante**, non tutto in questo mondo segue un percorso semplice. **Hiḍimbaa**, una **rakshasi**, una creatura destinata a incutere paura e distruzione, si trovò ad essere stimolata da qualcosa di completamente diverso mentre si avvicinava a **Bhīma. L'amore sbocciò dove avrebbe dovuto esserci solo fame.** Era attratta non dalla sua carne, ma dal potere del suo cuore, dalla forza della sua anima. Trasformata, apparve davanti a lui non come la figura terrificante che era, ma come una donna di una bellezza mozzafiato, il suo spirito feroce ammorbidito dall'attrazione dell'amore.

Rivelò la sua verità a **Bhīma, viandante, non** nascondendosi dietro l'inganno, ma restando nella sua cruda onestà. **Hiḍimbaa**

parlò delle intenzioni del fratello, del pericolo che l'attendeva.
Ma nella sua rivelazione, confessò anche il suo desiderio, un
desiderio che sfidava le leggi della sua specie. La sua onestà
divenne il suo potere e con essa **Bhīma** comprese la profondità
del suo coraggio. **Hiḍimbā**, il temibile rakshasa, incontrò presto
il suo avversario in **Bhīma**, che lo sopraffece e lo sconfisse in una
battaglia che rimbombò nella foresta. La lotta non era solo per la
sopravvivenza, ma per la possibilità di qualcosa di più.

All'indomani della battaglia, **Hiḍimbaa** non era un nemico, ma
un alleato. Il suo amore per **Bhīma** aveva cambiato il corso del
suo destino. Chiese di essere sua moglie, di camminare al suo
fianco nonostante i mondi che li separavano. E così si sposarono
in quella foresta, **viandante**, sotto la chioma di alberi secolari,
l'aria ancora densa dell'eco della battaglia. Ma questa unione non
era destinata ad essere permanente. **Bhīma**, legato dal dovere e
dal destino, promise di rimanere con lei solo fino alla nascita di
un figlio. **Hiḍimbaa**, nel suo amore e nella sua saggezza, lo
accettò con grazia.

Col tempo nacque il loro figlio, un bambino chiamato
Ghaṭotkacha, la cui testa assomigliava a un vaso, simbolo
dell'inaspettato e dello straordinario. Questo bambino, nato dalla
terra e dal cielo, sarebbe diventato un formidabile guerriero e la
sua presenza nella grande guerra **del Mahābhārata** sarebbe stata
una testimonianza del potere che scaturiva da entrambi i
genitori.

Ma, **viandante**, la storia **di Hiḍimbaa** va oltre la sua unione con
Bhīma. Dopo che lui la lasciò per continuare il suo viaggio, lei
rimase nella foresta, dedicandosi a un percorso di
trasformazione spirituale. Non era solo una moglie, né solo una
madre: era una dea a tutti gli effetti. **Hiḍimbaa**, un tempo
temibile rakshasi, entrò in una vita di penitenza e preghiera, con
la sua energia feroce reindirizzata verso il divino. Il suo nome

divenne sinonimo di forza, resistenza e trasformazione. Con il tempo, fu venerata e sorsero templi in suo onore, la sua eredità si intrecciò con il tessuto stesso della terra.

A **Manali** sorge un tempio dedicato a **Hiḍimbaa**, un tempo demone diventato dea. È un luogo di riverenza, dove l'aria è densa del ricordo del suo potere. La gente viene a onorarla, a chiedere la sua benedizione, non come demone spaventoso ma come protettrice, madre e guida. È venerata anche in **Nepal**, al **Bhutandevi Mandir**, dove la sua energia feroce continua a essere onorata con il nome di **Bhuṭanadevī**, una dea che custodisce e guida con la sua saggezza ultraterrena.

Il racconto **di Hiḍimbaa**, come la dea stessa, è stratificato e complesso, **viandante**. È un essere che ha camminato tra i mondi, il mortale e il divino, il temuto e il venerato. La sua forza non derivava solo dal suo potere fisico, ma dalla sua capacità di amare ferocemente, di combattere per ciò che contava e di trasformare la sua stessa natura. Lei insegna che in ognuno di noi si nasconde il potenziale di trasformazione, che non siamo vincolati dai ruoli in cui siamo nati. **Hiḍimbaa** ci ricorda che possiamo scegliere la nostra strada, anche quando questa ci conduce attraverso l'oscurità e il pericolo. E nel farlo, troviamo il nostro potere, la nostra luce.

Nelle antiche foreste del mito, dove si aggirano dèi e demoni, la storia **di Hiḍimbaa** sussurra a coloro che la cercano: a coloro che sono pronti ad abbracciare la forza che è nel loro cuore e che sono disposti ad affrontare l'ignoto con coraggio e amore.

DEE AFRICANE

Viandante, quando cammini per i corridoi del mito e della leggenda, scoprirai che alcuni sentieri sono ben illuminati, mentre altri rimangono avvolti nell'ombra. Avrete sentito le storie di **Thor**, il dio del tuono dei regni norreni, o di **Afrodite**, la radiosa dea dell'amore dell'antica Grecia. Anche **Cleopatra**, pur non essendo una vera dea, è venerata nei racconti egiziani. Ma al di là di queste strade ben battute, c'è un altro mondo, un regno di cui non si parla spesso, ma ricco di potere e mistero: l'antica **mitologia africana**.

Nel cuore dell'Africa, dove la terra pulsa di vita e l'aria ronza di spiriti, esistono dee antiche come il tempo. Sono le Dee Oscure, custodi di segreti, guardiane della trasformazione e incarnazioni delle forze primarie della natura. I loro nomi possono non riecheggiare nel mainstream, ma il loro potere è innegabile. Camminare nel loro mondo significa entrare nelle ombre della creazione, toccare le energie invisibili che plasmano la vita e la morte.

Una di queste è **Oya**, la dea Yoruba delle tempeste, dei venti e delle trasformazioni. La sua presenza si avverte nell'ululato dei venti prima di una tempesta, nel crepitio dei fulmini che squarciano il cielo e nelle correnti mutevoli del cambiamento. **Oya** non è una dea che offre una guida gentile. No, **viandante**, lei attraversa la tua vita come una tempesta, abbattendo ciò che non ti serve più, costringendoti a confrontarti con la verità di chi sei. Stare al suo cospetto significa trovarsi nell'occhio del ciclone, dove il caos del mondo incontra la quiete della vostra anima.

Si dice che **Oya** governi i venti che spazzano la terra, portando con sé gli spiriti dei morti. È la guardiana dell'aldilà, colei che guida le anime attraverso il velo e nel regno successivo. Il suo ruolo è allo stesso tempo temuto e venerato. È la dea che porta la morte, ma anche quella che porta la rinascita. Nel suo abbraccio oscuro non si trova solo la distruzione, ma anche la promessa di rinnovamento.

Un'altra figura potente è **Mami Wata**, la dea africana delle acque. È sfuggente come le profondità degli oceani che comanda, una dea che incarna sia la bellezza che il pericolo. **Mami Wata** è spesso raffigurata come una sirena, con il corpo scintillante di squame e lo sguardo ipnotico come le onde. Rappresenta le profondità del subconscio, le parti nascoste del sé che sono vaste e misteriose come il mare. Quando vi appare, è un invito a immergervi in profondità, a esplorare le acque inesplorate della vostra anima, a confrontarvi con i desideri e le paure che giacciono sotto la superficie.

Ma stai attento, **viandante**. **Mami Wata** non va presa alla leggera. È una dea che offre sia benedizioni che maledizioni. I suoi doni sono molti - ricchezza, bellezza e amore - ma hanno un prezzo. Chi la invoca deve essere pronto ad affrontare i propri desideri più intimi e a pagare il prezzo dei propri desideri. Non concede le sue benedizioni gratuitamente e la sua presenza, come il mare, è allo stesso tempo affascinante e pericolosa.

Poi c'è **Nzinga Mbande**, spesso vista non come una dea in senso tradizionale, ma come una **regina guerriera** la cui eredità ha superato il tempo, trasformandola in un simbolo del feroce spirito femminile. Sovrana **dei regni di Ndongo e Matamba**, **Nzinga** sfidò i colonizzatori portoghesi, guidando il suo popolo con astuzia, forza e un'impareggiabile forza di volontà. La sua storia non è quella di una divinità mitica, ma di una forza viva, un'incarnazione della resistenza, della resilienza e del potere oscuro e inflessibile che le donne possiedono quando sono chiamate a proteggere ciò che amano.

Mentre leggi i racconti di queste dee, ricorda, **viandante**, che la loro oscurità non è qualcosa da temere. È nell'oscurità che inizia la trasformazione. Il grembo della terra è buio e da esso nasce la vita. La notte è buia, ma è sotto la sua copertura che le stelle brillano di più. Queste Dee Oscure africane non sono qui per farvi del male; sono qui per sfidarvi, per spingervi oltre i vostri limiti, per strapparvi le illusioni che vi accecano dal vostro vero potere.

Queste dee, come **Oya**, **Mami Wata** e **Nzinga**, riflettono un lato del divino femminile che è crudo, impenitente e ferocemente protettivo. Non rientrano nelle scatole ordinate dell'amore, della bellezza e della fertilità in cui spesso sono confinate le altre dee. Ci ricordano invece che il potere non è sempre gentile, che il femminile non è sempre morbido. A volte è una tempesta, un'onda anomala, un grido di battaglia che riecheggia nei secoli.

Quindi, mentre percorri questo cammino, **viandante**, non temere le ombre. Abbracciale. Perché nell'abbraccio delle Dee oscure non troverete solo il potere di trasformare la vostra vita, ma anche la forza di sostenere la vostra verità. Queste dee non sono figure lontane nel cielo; sono dentro di voi, in attesa di essere risvegliate. **Il loro potere è il vostro potere: una** forza che può spezzare le catene, infrangere le illusioni e guidarvi attraverso le notti più buie della vostra anima.

Nei loro miti, troverete pezzi di voi stessi. Nelle loro storie, scoprirete la forza di rivendicare il vostro potere. Queste dee non sono semplici reliquie del passato; sono forze vive che albergano nel cuore di ogni donna che osa affrontare la propria oscurità e ne esce rafforzata. Imparando i loro nomi, i loro simboli, i loro misteri, anche voi troverete il potere di svelare i segreti della vostra dea interiore.

Oya

Oya, una forza temuta e venerata al tempo stesso, un **Orisha** della tradizione Yoruba. A differenza delle divinità che conoscete, Oya non è una semplice dea, ma una feroce intermediaria tra i vivi e i morti. Si trova dove il velo è più sottile, guida le anime dei defunti e veglia sui cimiteri.

Oya è la tempesta. Può essere la dolce brezza che accarezza la pelle o la tempesta ululante che squarcia il mondo, smantellando tutto ciò che incontra sul suo cammino. Ma la sua natura non è semplicemente quella di distruggere. È anche l'Orisha della rinascita, del cambiamento e della vita oltre la morte. Esiste dove i cicli iniziano e finiscono, dove la trasformazione prende piede.

Le sue origini risalgono al cuore della religione Yoruba e il suo nome, **"O Ya"**, significa "ha strappato". Non si tratta solo di un nome, ma di un riflesso della sua stessa essenza. Ella lacera il tessuto della vostra vita, scuotendo tutto ciò che deve cadere. È la forza dello sconvolgimento, la portatrice del cambiamento, che siate pronti o meno.

Viandante, mentre viaggi nella vita, sappi che Oya è sia protettrice che sfidante. I suoi venti spazzeranno via ciò che non vi serve più, che si tratti di persone, situazioni o persino delle vostre stesse illusioni. È la madre della trasformazione, che vi esorta a liberare il vecchio e a fare spazio al nuovo.

Nella **mitologia Yoruba**, Oya era un tempo umana, una guerriera feroce e giusta che liberò gli schiavi e protesse i deboli. La sua vita è stata straordinaria, tanto che quando è morta è stata dotata di un ruolo eterno come Orisha. Divenne una guardiana dei morti, una feroce protettrice delle donne e una forza della natura. Il suo potere non è quello di una tranquilla sottomissione: è il potere della tempesta.

Oya era sposata con **Shango**, l'Orisha del tuono, un'unione
tumultuosa come le forze che comandavano. Insieme,
governarono le tempeste e i fulmini, il loro amore era una
tempesta feroce come il tempo che controllavano. Oya, benché
favorita da Shango, portò con sé un grande dolore, poiché
nessuno dei suoi nove figli sopravvisse alla nascita. Per questo
motivo, indossa nove sciarpe, una per ogni figlio, mantenendo
vivo il loro ricordo anche quando continua a governare sui venti
e sui morti.

Ma Oya non è una dea da compatire. Il suo dolore l'ha
trasformata in qualcosa di più forte. Brandisce una **spada** che
taglia gli inganni e gli ostacoli, portando la giustizia dove è
necessaria. Nell'altra mano porta un **ventaglio**, in grado di
suscitare i venti in tempesta, richiamando le forze della natura
con un semplice gesto del polso.

Il suo dominio si estende in lungo e in largo. È l'**Orisha della
trasformazione**, della distruzione e della rinascita. Governa
terremoti, **tempeste** e **fulmini**, guidando gli elementi stessi. È
anche la custode del mercato, dove i desideri umani si scontrano
con le forze divine. Si dice che coloro che mentono o ingannano
nei loro rapporti sentano maggiormente la sua ira.

Oya si trova anche sulla soglia dell'aldilà. È la guardiana del
cimitero, veglia sugli spiriti dei defunti e garantisce il
mantenimento dell'equilibrio tra i vivi e i morti. Quando
un'anima è pronta per il trapasso, è **Oya** a guidarla nell'aldilà,
assicurandole un passaggio sicuro. Tuttavia, ha anche il potere
di trattenere gli spiriti se i loro affari nel mondo dei vivi sono
incompiuti.

Invocare Oya significa invitare il cambiamento nella propria
vita. La sua energia non è delicata, ma è necessaria. Se la vostra
vita è stagnante, se i venti di trasformazione hanno smesso di
soffiare, lei può essere la forza di cui avete bisogno. Ma

attenzione, **viandante**: Oya non tollera l'inganno, la pigrizia o l'ingiustizia. Se cercate il suo aiuto, dovete essere preparati alla tempesta che seguirà. Abbatterà ciò che è debole e falso, lasciando al suo posto solo ciò che è vero e forte.

Oya è conosciuta anche come la **Grande Madre delle Streghe**, colei che detiene il controllo della magia della vita e della morte. È una forza della natura e il suo potere risiede nella capacità di attraversare con facilità i regni dei vivi e dei morti. È la guida definitiva per coloro che desiderano comunicare con i propri antenati, cercare la saggezza dall'oltretomba o trasformare completamente la propria vita.

Viandante, se senti che Oya ti chiama, ti manderà dei segni. Potreste trovarvi attratti dai suoi **simboli** - venti, **tempeste, fulmini - o** sentire un'improvvisa e inspiegabile attrazione verso la trasformazione. Potreste sentirla in sogno, guidandovi attraverso gli sconvolgimenti, o potreste sentire la sua presenza nei cambiamenti che attraversano la vostra vita, improvvisi e inaspettati.

Quando i venti del cambiamento iniziano a soffiare, è Oya a seguirli. Le sue lezioni non sono sempre facili, ma sono sempre necessarie. Vi insegna ad abbracciare il caos, a trovare la vostra forza nella tempesta e a rialzarvi dalle macerie con un nuovo senso dello scopo. La sua presenza nella vostra vita significa che siete pronti per la trasformazione, per la rinascita, per il prossimo capitolo del vostro viaggio.

Se volete onorarla, **viandante**, potete offrirle cose che risuonano con la sua energia. **Prugne, cioccolato fondente, vino rosso o offerte di ambra e pietra di luna** possono essere poste sul suo altare. Ma più di queste offerte materiali, Oya apprezza la verità, la giustizia e la volontà di abbracciare il cambiamento.

Alla fine, Oya non è solo la dea delle tempeste e dei venti. È la dea **della vita** e della **morte**, della **trasformazione** e della **rinascita**. Detiene le chiavi dei misteri dell'esistenza, guidandovi attraverso i cicli della creazione e della distruzione. Camminare con lei significa percorrere il sentiero del **coraggio** e della **trasformazione**. È la tempesta che spiana la strada a qualcosa di nuovo, di più vero, per mettere radici nella vostra vita.

Quindi, **viandante**, quando sentirai i venti alzarsi, sappi che **Oya** è vicina. Confida nel suo potere e lascia che ti guidi attraverso la tempesta. Perché dall'altra parte ne uscirete più forti, più saggi e più pienamente allineati con il vostro vero sé.

Yewa

Viandante, percorri un sentiero fiancheggiato da mistero e ombra. Mentre cercate la saggezza delle Dee Oscure, vi troverete ai margini dei mondi, dove vita e morte si intrecciano, dove i vivi camminano accanto ai morti. **Lì vi attende una delle Orishe più enigmatiche: Yewa.** È la sorella di Oya e, come lei, governa i cimiteri e i morti. Yewa è una figura avvolta nell'immobilità e nel silenzio, che sorveglia i confini dei cimiteri, impedendo agli spiriti inquieti di vagare tra i vivi. Non causa la morte, ma è colei che aiuta le anime a trovare il loro luogo di riposo finale. È una guida, una scorta e una custode della soglia sacra.

Le origini di Yewa risalgono alla **religione Yoruba** e il suo nome significa "Nostra Madre", derivato dalle parole *Yeye* (madre) e *Awa* (nostra). Un tempo era la protettrice delle donne e delle madri, una potente figura della fertilità e dell'acqua. Tuttavia, la sua storia è cambiata nel tempo e ora regna come Orisha della morte, della solitudine e della purezza.

Viandante, Yewa non è sempre stata l'Orisha oscura e solitaria che vedi ora. Un tempo era una bellezza radiosa, una vergine nota per la sua castità. Molti Orisha maschi la desideravano, i loro occhi erano attratti dalla sua grazia. Tra loro c'era **Shango**, un noto donnaiolo che aveva già sedotto molte donne Orisha. Egli inseguiva Yewa con una passione a cui lei non poteva resistere e, sebbene lei si innamorasse del suo fascino, Shango la abbandonò dopo che lei rimase incinta, lasciandola sola e svergognata. Il cuore di Yewa si spezzò, il suo bambino andò perduto e lei seppellì il suo dolore insieme al bambino non ancora nato sotto un albero. Da quel momento si ritirò nell'ombra, vivendo tra le tombe con sua sorella Oya, circondata dai morti.

Il mito di Yewa assume diverse forme. In una narrazione, **Olokun**, l'Orisha delle profondità, sentì del suo dolore e, nella sua compassione, riportò in vita il figlio perduto. Questo bambino, **Borosia**, divenne il protettore di Olokun. Tuttavia, Yewa rimase nel suo regno cimiteriale, con la sua bellezza e la sua purezza macchiate dallo strazio che aveva subito.

In un'altra versione della sua storia, **Viandante**, Yewa giurò di non cadere mai più. Si nascose, facendo voto di castità e ritirandosi nel castello del padre **Obatala**. Ma anche lì la sua bellezza fu la sua maledizione. La notizia della sua bellezza giunse ancora una volta a Shango, che la cercò. Questa volta, però, lei era più saggia. Combattuta tra il suo desiderio e la paura di ripetere il passato, Yewa si recò da Obatala, in cerca di una guida. Suo padre, conoscendo il suo tormento, la mandò nel regno dei morti, dove nessun essere vivente avrebbe potuto tentarla di nuovo.

Yewa ora cammina tra i mondi, è la guardiana dei morti, la protettrice delle vergini e la custode dei segreti. È una figura dal potere profondo e misterioso, con la capacità di vedere oltre il velo dei vivi. Il suo legame con gli spiriti le conferisce una saggezza fuori misura e la sua chiaroveggenza è ineguagliabile. Vede ciò che gli altri non possono vedere, muovendosi tra la vita e la morte con la grazia di chi le ha conosciute entrambe intimamente.

Yewa è spesso raffigurata come una bella e snella donna vestita di rosa, un colore che simboleggia sia l'innocenza che la morte. A volte è raffigurata come una civetta, che vola silenziosa nella notte, con i suoi occhi vigili che vegliano sui morti. Il suo atteggiamento è calmo e saggio, ma non c'è dubbio sulla profondità del suo potere. **Viandante**, se mai dovessi trovarti a mancare di rispetto al suo dominio - a deridere i morti, a profanare le tombe - sentirai tutta la forza della sua ira. Lei è la guardiana dei confini, e a coloro che li oltrepassano senza riverenza verrà ricordato il loro posto.

Nonostante il suo ruolo cupo, Yewa non è una dea della paura. È una figura materna, una protettrice degli innocenti, dei puri e dei casti. La sua forza risiede nella sua tranquilla determinazione e nel suo impegno a preservare la sacralità della vita e della morte. È lei che si assicura che i morti rimangano in pace, danzando sulle loro tombe per placare le loro anime inquiete.

Se vi sentite chiamati da Yewa, potreste notare un'attrazione verso la solitudine e l'introspezione. Potreste trovarvi attratti dai luoghi silenziosi del mondo: cimiteri, acque tranquille o persino il silenzio della vostra mente. La presenza di Yewa è spesso sottile, come il lieve fruscio delle foglie nel vento o il soffice canto di un gufo in lontananza. Viene da coloro che cercano di comprendere i misteri della vita e della morte, da coloro che desiderano proteggere la sacralità di entrambe.

Per onorare Yewa, **viandante**, avvicinatevi a lei con riverenza e rispetto. Non parlate mai della morte con leggerezza e non fate battute grossolane in sua presenza. Offritele **fiori, pesce o carne di gallina bianca**, ma soprattutto offritele la vostra sincerità. Yewa non tollera l'inganno, né prende alla leggera la responsabilità del suo ruolo. Vi guiderà se sarete onesti nelle vostre intenzioni, ma non sopporterà la mancanza di rispetto.

La storia di Yewa è una storia di trasformazione. Da vergine ingenua e innocente, è diventata una guardiana dei morti, una protettrice dei confini sacri e una figura di immenso potere. Ci insegna che anche nei luoghi più oscuri c'è uno scopo e una forza. Ci mostra che la solitudine può portare alla saggezza, che lo strazio può forgiare la resilienza e che la morte, come la vita, deve essere onorata con rispetto e cura.

Viandante, se Yewa ti chiama, ascolta la sua voce. Potrebbe guidarvi attraverso le vostre trasformazioni, aiutandovi a superare i cambiamenti e le perdite che la vita porta con sé. Può offrirvi il dono della chiarezza, aiutandovi a vedere oltre la superficie delle cose, fino alle verità più profonde che si celano sotto di voi. E nel suo modo silenzioso e vigile, vi ricorderà che anche nei momenti più tranquilli c'è potere.

Yewa si trova alla soglia della vita e della morte, osservando, aspettando e proteggendo. È la forza invisibile che assicura l'equilibrio tra i regni e, se siete abbastanza coraggiosi da camminare con lei, potrebbe mostrarvi la strada verso la vostra forza interiore.

DEE İRLANDESİ E CELTİCHE

Viandante, mentre ti addentri nelle nebbie del mito antico, incontrerai storie intessute dal tessuto stesso del mistero. Le storie che hanno riecheggiato nel tempo, attraverso le parole sussurrate al focolare e trasportate dal soffio del vento, trovano ora la loro strada verso di voi. **La mitologia celtica** e quella **irlandese** non sono la stessa cosa, anche se condividono radici profonde nella terra. Come rami dello stesso antico albero, sono cresciute in direzioni diverse, ma ognuna porta con sé il potere di un mondo antico in cui dei, dee ed esseri ultraterreni camminavano tra i mortali. La mitologia irlandese è, infatti, una ricca filiazione delle **credenze celtiche**, conservata per secoli dalle mani attente dei monaci cristiani. Questi monaci, pur cercando di registrare la storia, hanno anche catturato l'essenza delle vecchie usanze, assicurandosi che i racconti di dei e dee, di magia e mistero, non andassero persi nel tempo. Sebbene il ramo irlandese sia quello meglio conservato, il suo nucleo è profondamente intrecciato con la più ampia mitologia celtica, che ospita le storie degli **scozzesi** e dei **britanni**, i racconti di eroi, divinità e delle potenti forze della natura che guidavano le vite di coloro che camminavano sulla terra.

Nel mondo di queste mitologie, gli dei e le dee non erano confinati in ruoli semplici e singolari. I loro domini si estendevano attraverso i regni, toccando ogni aspetto della vita: dall'amore alla fertilità, dalla terra alla morte. Non erano soli, perché il potere del divino era spesso condiviso, creando una rete di influenza che rendeva difficile distinguere i confini esatti del loro dominio. Gli dei erano vasti e complessi, proprio come le forze della natura che comandavano.

E così, quando entri in questo capitolo, **viandante**, entri in un luogo dove il velo tra i mondi è sottile. L'aria ronza con la presenza di dèi e dee - figure oscure e potenti, i cui nomi ispiravano sia riverenza che paura nei cuori degli antichi Celti e Irlandesi. La terra stessa sembra vivere della loro memoria, le colline e i fiumi sussurrano le loro storie.

Nel **pantheon celtico e irlandese** non manca il mistero. Queste divinità, molte delle quali legate alla terra, alle forze della natura e al mondo ultraterreno, esercitavano un'influenza impossibile da ignorare. Erano protettori, ma anche feroci. Potevano portare benedizioni, ma anche maledizioni. La linea tra la vita e la morte, tra la protezione e la distruzione, era sottile e queste divinità si trovavano su quella soglia.

C'è **Morrigan**, la dea che incarna la guerra, il destino e la morte. Non è una dea, ma molte. Mutaforma, forza di trasformazione, Morrigan è spesso raffigurata come un corvo che vola sui campi di battaglia, osservando i destini degli uomini. È una dea della profezia, che predice la fine degli imperi e la morte dei re. Invocarla significa invocare l'essenza stessa della morte, camminare sulla linea sottile tra la vita e l'aldilà.

E c'è **Brigid**, dea del fuoco e della fertilità, che tiene nelle sue mani sia il calore della vita che la forza distruttiva della fiamma. È la protettrice dei fabbri e dei poeti, di coloro che lavorano con il tangibile e l'intangibile. È la guaritrice e la distruttrice, perché il suo fuoco può riscaldare e anche bruciare.

I **Tuatha Dé Danann**, l'antica razza di divinità che un tempo governava l'Irlanda, sono sempre presenti in queste storie. Sono divini e allo stesso tempo profondamente legati alla terra.

Dimorano nell'**Aldilà**, un luogo di eterna giovinezza e bellezza, ma possono anche camminare tra i mortali. I loro poteri sono vasti e la loro influenza si estende ai campi, alle foreste e ai fiumi d'Irlanda. Non sono sempre gentili, ma sono sempre giusti e la loro presenza si fa sentire in ogni angolo della terra. **Viandante**, leggendo questi racconti, lasciati coinvolgere dalle ombre del mondo antico. Senti il pulsare della terra sotto i tuoi piedi, il mormorio del vento nelle tue orecchie, e sappi che queste storie non sono semplicemente miti: sono il respiro stesso del passato, vivo e in attesa di coloro che sono abbastanza coraggiosi da ascoltare. In questo luogo, dove gli dei e le dee camminano con i mortali, scoprirete che il mondo non è mai come sembra. Ogni ombra nasconde un segreto, ogni svolta del cammino una nuova rivelazione. Le Dee Oscure della mitologia **celtica** e **irlandese** non vegliano semplicemente sui morti, ma guidano anche i vivi, aiutandoli ad affrontare la propria oscurità interiore e a trovare la forza nei luoghi più inaspettati.

E così, **viandante**, mentre prosegui in questo capitolo, lasciati ispirare dai racconti di queste antiche divinità. Senti il potere delle loro storie, il peso della loro presenza, e permettiti di percorrere il sentiero tra i mondi, dove ti aspettano le Dee Oscure. Queste sono le dee che hanno il dominio sulla vita e sulla morte, che ci ricordano che c'è potere sia nella luce che nell'ombra e che per conoscere veramente noi stessi, dobbiamo affrontare l'oscurità che abbiamo dentro.

Questo è il mondo del **mito celtico** e **irlandese**, dove i confini tra dio e mortale, tra vita e morte, sono sfumati. È un mondo ricco di magia, un mondo in cui ogni storia è una lezione, ogni mito uno specchio per l'anima. Entra nell'ombra, **viandante**, e trova la saggezza che ti aspetta.

Morrigan

Viandante, ti trovi ai margini di un mondo dove le ombre
danzano con la luce, dove le leggende si intrecciano nella nebbia
e dove la **Morrigan**, la Regina Fantasma, attende coloro che sono
abbastanza coraggiosi da entrare nel suo regno. Non è una
semplice dea: è una forza della natura, indomabile e feroce, con
un potere che terrorizza e affascina allo stesso tempo.

Nella storia celtica non esiste una figura così importante o
enigmatica come quella della **Morrigan**. È una guerriera
formidabile, temuta e venerata in egual misura. È una dea della
guerra, della morte e del destino, una mutaforma che si muove
nel mondo sotto diverse forme. A volte è un corvo, con le sue ali
scure che battono contro il cielo mentre sorveglia i campi di
battaglia, predicendo la morte. Altre volte appare come un lupo,
un'anguilla o persino una bella donna: la sua bellezza è
seducente, le sue intenzioni letali.

Ma la sua forma più comune è quella di un corvo, una creatura
che è stata a lungo associata alla morte e all'ignoto. Il corvo, con
il suo becco affilato e gli occhi scuri, è un simbolo di stregoneria
e magia, temuto e venerato allo stesso tempo. Quando la
Morrigan assume questa forma, porta con sé la conoscenza di
ciò che sta per accadere: battaglie perse e vite terminate. La sua
presenza sul campo di battaglia è di per sé una profezia.

Il nome della **Morrigan** ha un suo potere, ambiguo e mutevole
come la dea stessa. Alcuni sostengono che "Mor" derivi
dall'antica parola irlandese che significa fantasma, mentre altri lo
collegano all'anglosassone "maere", che significa incubo. Che sia
la **Regina Fantasma** o semplicemente la **Grande Regina**, il suo
nome è sufficiente a far correre un brivido lungo la schiena.
Eppure, **viandante**, è molto più di una dea della guerra: è un

simbolo di trasformazione, dei cicli della vita e della morte, della distruzione e della rinascita.

Nelle storie tramandate di generazione in generazione, la **Morrigan** è talvolta rappresentata come una singola dea, ma spesso fa parte di una **triplice dea**, che incarna il potere di tre: se stessa, **Macha** e **Badb** (o **Neman**). Insieme, formano una triade di dee della guerra, ognuna delle quali rappresenta un diverso aspetto della battaglia, della vita e della sovranità. Invocare **la Morrigan** significa invocare non solo una dea potente, ma la forza collettiva di tutte e tre.

Il suo legame con la guerra è innegabile, ma è anche profondamente legato alla fertilità e alla terra. È allo stesso tempo la **dea della morte** e la **guardiana della vita**, che assicura che il ciclo di nascita e morte continui ininterrottamente. Così come può portare la morte, può anche portare la vita e l'abbondanza, ma solo dopo che la distruzione necessaria ha avuto luogo. Per molti versi, è una dea dell'equilibrio, che assicura che il mondo rimanga in armonia, anche quando ciò significa portare il caos.

Il suo potere non si limita al mito: da secoli ispira timore e venerazione. **Viandante**, se ascolti attentamente, potresti ancora sentire le ali **della Morrigan** battere in lontananza, o intravedere la sua ombra che si muove nel crepuscolo. È l'incarnazione stessa della trasformazione e in lei potresti trovare il coraggio di affrontare le tue battaglie interiori.

Uno dei racconti più famosi sulla **Morrigan** riguarda il suo incontro con l'eroe **Cu Chulainn**, un guerriero il cui destino era inestricabilmente legato alla dea. Il loro incontro fu tanto una battaglia di volontà quanto uno scontro di forza fisica. **Cu Chulainn**, nella sua arroganza, non riconobbe la **Morrigan** quando la incontrò per la prima volta. Non gli apparve come una dea, ma come un corvo, ed egli la insultò, ignaro del potere che aveva appena offeso.

Per vendicarsi, la **Morrigan** lo avvertì della sua imminente morte in battaglia e, fedele alla sua parola, gli apparve di nuovo prima del suo combattimento finale. Travestita da bella donna, gli offrì il suo amore e la sua protezione, ma **Cu Chulainn** rifiutò, non sapendo che stava allontanando la dea stessa. Nella sua rabbia, si trasformò in un'anguilla, in un lupo e poi in una mucca, cercando ogni volta di provocare la sua caduta. Ma **Cu Chulainn** era forte e si difese, ferendola in ogni forma.

La dea, però, non fu sconfitta facilmente. Gli riapparve più tardi, questa volta sotto forma di vecchia, e con il suo inganno **Cu Chulainn** curò inconsapevolmente le sue ferite.

Nel loro ultimo incontro, poco prima della sua morte, la **Morrigan** gli apparve sotto forma di corvo, appollaiandosi sulla sua spalla mentre lui rimaneva saldo in battaglia, legato a un masso, deciso a morire in piedi. In quel momento lo reclamò, proprio come aveva predetto.

La Morrigan non è una dea con cui scherzare. Non perdona facilmente, né dimentica. È implacabile come le maree e feroce come la tempesta, ma è anche una protettrice, una guida per coloro che percorrono il sentiero del guerriero.

La sua presenza in battaglia è sia una benedizione che una maledizione, perché se da un lato può preannunciare la morte, dall'altro porta forza a coloro che sono disposti a combattere.

Viandante, mentre affronti le tue battaglie nella vita, ricorda che la **Morrigan** è sempre vicina. È la dea della trasformazione, della fine e dell'inizio, e in lei potrete trovare la forza per affrontare qualsiasi sfida vi si presenti. Insegna che dalla distruzione nasce la rinascita e dalla morte la nuova vita. Invocarla significa abbracciare il proprio potere, restare saldi di fronte alle avversità e sapere che anche nei momenti più bui c'è sempre la possibilità di rinnovarsi.

Questo è il potere della **Morrigan**, la Regina Fantasma. Non è solo una figura del mito: è l'incarnazione delle forze selvagge e indomite che ci guidano tutti.

È la dea che si trova sulla soglia tra la vita e la morte, tra la luce e l'oscurità, e vi invita a camminare con lei, ad affrontare le vostre ombre e ad emergere più forti dall'altra parte.

Macha

Viandante, lascia che ti parli di **Macha**, una dea il cui nome
riecheggia nei campi d'Irlanda come un sussurro ossessivo nel
vento. È un essere dal potere feroce, una forza con cui fare i
conti, ma profondamente radicata nella terra che protegge. Il suo
spirito è selvaggio, indomito e profondamente legato alla terra e
agli inevitabili cicli della vita e della morte. Come sua sorella, la
Morrigan, le storie di Macha sono molte e le sue forme cambiano
con il racconto. Ma non importa quale storia si segua, una verità
rimane: Macha è una dea da non dimenticare.

In alcuni miti, si dice che Macha faccia parte della triade **delle
Morrigan**, ma è anche un membro formidabile **delle Tuatha Dé
Danann**, una potente razza di dei e dee che un tempo governava
l'Irlanda. **È la dea della parentela, del fuoco, della fertilità,
della terra, dei cavalli e della guerra**. La sua magia era
leggendaria, così come la sua inestinguibile sete di vendetta.
Alcuni dicono che vivesse nell'antica fortezza di **Emain Macha**,
un luogo che porta ancora il suo nome. È una terra che pulsa
della sua memoria, dove ogni filo d'erba porta con sé i sussurri
del suo potere.

Macha non era solo una dea della guerra, ma anche della
fertilità, una dualità che rivela la sua complessità. Poteva portare
la vita alla terra, renderla fertile e piena, ma era anche un
presagio di morte, un'apparizione che poteva preannunciare il
destino. Oltre a nutrire, distruggeva, incarnando l'inevitabile
equilibrio tra creazione e distruzione. Il suo potere era vasto, la
sua influenza innegabile.

Era spesso associata a corvi, cavalli e alla terra stessa. Questi
simboli di Macha ci ricordano il suo intimo legame con la terra e
con le cose selvagge che la popolano. Il suo nome, che si traduce

in "campo" o "pianura", suggerisce che è intessuta nel paesaggio stesso dell'Irlanda, parte del suolo come le radici di un'antica quercia. **Viandante**, puoi sentire la sua presenza nei momenti di quiete prima di una tempesta, nell'immobilità dei campi mentre il vento sussurra tra l'erba, portando con sé vita e morte.

I racconti di **Macha** sono molti, ma cinque spiccano, ognuno dei quali rivela una sfaccettatura diversa di questa dea complessa.

In una storia, è conosciuta come la **Figlia di Partholon**, una figura del **Leabhar Gabhala**, il Libro delle Invasioni, che racconta come diversi gruppi di coloni arrivarono in Irlanda. Alcuni ritengono che i **Patholoniani** fossero discendenti di Noè, anche se furono spazzati via dalla peste. La menzione di Macha in questo racconto è breve, ma anche qui la sua presenza è inconfondibile: è la dea della terra, legata ai suoi cicli di vita e di morte.

In un altro racconto, Macha fa parte dei **Tuatha Dé Danann**, affiancando le sue dee sorelle nella grande battaglia di Moytura. Qui è la dea della guerra, che evoca pioggia, nebbia, sangue e fuoco per sconfiggere i nemici. In questa versione della storia, Macha cade in battaglia, uccisa dal malvagio **Balor dell'Occhio di Bale**. Tuttavia, anche nella morte, la sua eredità continua.

C'è anche la storia di **Macha, la moglie di Nemed**, che arrivò con la terza ondata di coloni in Irlanda. Questa Macha, dea della fertilità e della terra, muore mentre disbosca i campi per la semina e il suo corpo diventa un tutt'uno con la terra che amava. Si dice che la sua tomba si trovi ad **Ard Mhacha**, il luogo oggi conosciuto come **Armagh**, a ulteriore conferma del suo legame con la terra.

C'è poi la storia di **Macha, la Moglie di Cruinniuc**, forse la sua storia più nota, che si trova nel **Ciclo dell'Ulster**. In questa versione, Macha è una donna fatata, sposata a un ricco contadino. Gli diede due gemelli e lo avvertì di non parlare mai di lei con nessuno. Tuttavia, durante una festa, Cruinniuc, in un momento di orgoglio, si vantò che la moglie poteva superare i cavalli del re. Furioso, il re pretese che Macha fosse portata in gara, nonostante fosse in travaglio. Macha vinse la gara, ma crollò in agonia e partorì al traguardo. Nel suo dolore e nella sua furia, maledisse gli uomini dell'Ulster, condannandoli a soffrire i dolori del parto per nove giorni durante il loro massimo bisogno. Una maledizione che sarebbe durata per nove generazioni, riecheggiando nei secoli.

Infine, c'è la storia di **Macha dei capelli rossi**. In questa storia, Macha è la figlia del **re Aodh Ruadh**. Dopo la morte del padre, rivendicò il diritto di governare al suo posto, sfidando gli altri due re che cercavano di negarle la sovranità perché era una donna. Macha non fu facilmente sconfitta e, dopo aver ucciso uno dei suoi rivali, regnò per sette anni. Continuò a dimostrare la sua forza, catturando anche i suoi nemici con la seduzione e l'astuzia. Li costrinse a costruire la fortezza di **Emain Macha**, simbolo del suo inflessibile potere. Dopo la morte del marito, Macha regnò da sola per altri quattordici anni, finché non fu uccisa da **Rechtaid Rigderg**. Ognuna di queste storie rivela i molti volti di Macha: la dea della fertilità, la dea della guerra, la dea della vendetta. È una protettrice, una distruttrice, una madre e una guerriera. È profondamente legata alla terra d'Irlanda e il suo potere è percepito in ogni suo angolo. Invocare **Macha** significa invocare la forza della terra stessa, chiedere la sua protezione e la sua ferocia, abbracciare i cicli della vita e della morte. **Viandante**, mentre percorri il cammino della tua vita, ricorda che Macha è sempre vicina. Il suo spirito è nel vento che agita i campi, nel grido del corvo che volteggia nel cielo. Ci ricorda che siamo parte di qualcosa di più grande di noi, che siamo legati alla terra, gli uni agli altri, e al ciclo infinito di creazione e distruzione.

Badb

Viandante, lascia che ti conduca nel mondo oscuro di **Badb**, una dea la cui presenza era allo stesso tempo temuta e venerata dagli antichi Celti. È una figura oscura, velata di mistero, che cammina tra la vita e la morte con il potere di trasformare le maree della battaglia e del destino. Come una delle dee che si ritiene completino la triade **delle Morrigan**, Badb è spesso vista come la manifestazione della guerra stessa, che guida le anime dei caduti e agita i venti del caos. Il suo nome, intriso di antico potere, porta con sé il peso della trasformazione e l'inevitabilità della morte.

La chiamavano il **Corvo della Battaglia**, un nome che diffondeva paura sul campo di battaglia. Ovunque volassero le sue ali nere, la **morte la seguiva di sicuro**. I suoi occhi acuti cercavano gli spiriti degli uccisi ed era lei a raccoglierli, conducendoli nell'aldilà, dove iniziava la fase successiva del loro viaggio. Non c'era modo di sfuggirle, perché riusciva a vedere nel profondo di ogni anima, sapendo quando era il momento di andare oltre questo mondo. Affrontare **Badb** significava trovarsi ai confini della vita e della morte stessa.

La sua presenza non era sottile. Badb non appariva come una guida gentile, ma come una **donna pietrificante**, avvolta nella paura e nel caos. Non si limitava a osservare lo svolgersi delle battaglie: **tesseva il tessuto stesso della guerra**, creando confusione e terrore a ogni passo. Era la **guerra, la trasformazione e la morte**, e incarnava lo stupore che i mortali provavano di fronte a forze che sfuggivano al loro controllo.

Nella sua forma più terrificante, **Badb** appariva come una donna anziana, con i capelli bianchi e i vestiti rosso sangue, chiaro simbolo di morte nel folklore celtico. Il suo corpo era contorto in posizioni innaturali, con un piede sollevato e un occhio chiuso, a rappresentare il sottile velo tra la vita e l'aldilà. Come se fosse stata estratta dalle profondità dell'aldilà, non si poteva scherzare con lei. Eppure, c'era saggezza nella sua forma antica, perché portava con sé il potere della **trasformazione**, offrendo qualcosa oltre la morte.

Il **corvo** e il **lupo** erano i suoi simboli preferiti, creature dell'oscurità e della trasformazione. Quando Badb volava sul campo di battaglia come corvo, il suo aspetto preannunciava la morte. Si abbassava in picchiata sui soldati, le sue ali nere proiettavano ombre sul terreno mentre risuonavano le sue grida feroci, annunciando la fine della vita. Il suo lupo, sempre al suo fianco, simboleggiava la cruda fame di battaglia e la natura ciclica dell'esistenza: la vita che divora la vita nella danza infinita della sopravvivenza.

Ma **Badb** non era solo una dea della morte. La sua storia racchiude un potere più profondo, legato alla **rinascita** e alla **trasformazione**. Esiste un'antica storia del **Calderone della Rinascita**, un recipiente magico che la dea agitava nell'aldilà. Quando un guerriero moriva in battaglia, la sua anima veniva attratta da lei e la trovava accanto a questo calderone. La sua forma, in quel momento, poteva cambiare: non più la terrificante figura della morte, ma una donna anziana e gentile, saggia oltre ogni misura. Avrebbe posto al guerriero caduto una domanda a cui solo i morti potevano rispondere: **"Rimarrai o tornerai?"**.

Chi sceglieva di rinascere doveva salire sul calderone. Mentre Badb agitava l'acqua al suo interno, scrutava nelle sue profondità per divinare il loro futuro. Quale forma avrebbero assunto? Sarebbero tornati umani o forse animali, liberi e selvaggi? Il suo calderone era la porta della **trasformazione**, un promemoria del fatto che dalla morte nasce una nuova vita.

Il suo potere non era limitato al solo campo di battaglia. Nella **battaglia di Magh Tuired**, Badb mostrò la sua forza in tutta la sua gloria. Apparve insieme alle sue sorelle, la Morrigan e Macha, come un **corvo del terrore**, riempiendo i cuori dei loro nemici di paura. Insieme, le loro voci feroci echeggiavano sul campo di battaglia, pronunciando profezie **di sventura e sconfitta**. Le sue urla erano il suono dell'**inevitabile distruzione** e nessun guerriero che avesse udito le sue grida avrebbe potuto sfuggire alla verità del proprio destino. Gli eserciti nemici furono ricacciati in mare, incapaci di sopportare il peso della sua presenza.

Eppure, dopo che la battaglia fu vinta, **Badb** non scomparve semplicemente. Rimase a vegliare sulle famiglie, con la sua voce non più di guerra ma di **avvertimento**. Divenne la **banshee**, la donna lamentosa il cui grido poteva essere sentito riecheggiare nella notte, segnalando la morte di un membro della famiglia. Il suo ruolo, per quanto lugubre, era di **protezione:** sentire il suo grido significava sapere che il momento della morte era vicino, e non c'era niente di più sacro che essere preparati a quel momento.

Viandante, se ti senti attratto da Badb, sappi che non chiama i deboli di cuore. È una dea **della guerra, della trasformazione e della profezia**, e le sue lezioni non si imparano facilmente. Ma se camminate con lei, vi mostrerà il potere che risiede nell'abbracciare sia la luce che l'oscurità. Vi insegnerà che la morte non è la fine, ma una parte del ciclo eterno, una porta verso qualcosa di più. Potreste sentirla nel grido di un corvo o percepire la sua presenza nei venti mutevoli di una tempesta. Quando vi capita, ricordate che lei è sia la fine che l'inizio, colei che ci guida attraverso i luoghi più oscuri verso la luce.

Cailleach

Cailleach vi aspetta, la sua presenza si fa sentire nei venti sussurranti dell'inverno, nel freddo pungente che penetra nelle ossa. Non è una dea della guerra, come Morrigan, ma il suo potere non è meno temibile. Come portatrice dell'inverno, è la forza che annuncia la morte dell'anno, la quiete prima della rinascita. Il suo nome, **Cailleach**, significa "la velata": un titolo appropriato per una dea i cui misteri sono avvolti nella notte dei tempi, il cui volto è nascosto sotto il manto del gelo invernale.

La sua leggenda si estende oltre i confini dell'Irlanda, raggiungendo gli aspri paesaggi della **Scozia** e dell'**Isola di Man**. Anche lì è conosciuta come la **dea del freddo e del vento**, il cui potere si avverte in ogni raffica feroce e in ogni gelata pungente. Coloro che parlano di lei raccontano di una **vecchia megera velata**, con la pelle pallida e blu come il cielo d'inverno, i denti macchiati di rosso come se avesse morso il cuore stesso della vita. Porta i segni della morte: i suoi abiti sono ornati di teschi, la sua presenza ricorda che tutte le cose devono appassire nel suo freddo abbraccio.

Ma il **Cailleach** è molto più che un semplice messaggero dell'inverno. È una **creatrice**, una forza che plasma la terra stessa. Nelle sue mani brandisce un **martello** che controlla tuoni e tempeste, proprio come il dio norreno Thor. Alcuni dicono che sia in grado di saltare attraverso le montagne, mentre altri credono che possa cavalcare i venti di una tempesta con la stessa facilità con cui un mortale cammina sulla terra. I suoi poteri di mutamento le hanno permesso di assumere la forma di un **uccello gigante**, un oscuro presagio nel cielo, che segnala l'arrivo della morsa dell'inverno.

Ma c'è un altro lato di **Cailleach**. Non è solo portatrice di morte e distruzione. Nella sua mitologia, è profondamente legata al **ciclo della vita, della fertilità, della morte e della rinascita**. Dopo tutto, è colei che porta l'inverno, ma anche colei che lo allontana. Quando l'inverno svanisce, lo fa anche lei, permettendo alla terra di rinascere. C'è una strana bellezza in questo:ailleach fa appassire e allo stesso tempo rinnova il mondo. È lei a mantenere l'equilibrio tra la vita e la morte, assicurandosi che nessuna delle due sovrasti l'altra.

Nel raccontare le sue storie, è difficile dire se sia buona o cattiva. Alcuni la vedono come una forza fredda e incurante, mentre altri la considerano una parte necessaria dell'ordine naturale. È allo stesso tempo temuta e rispettata. Il suo amore per gli animali, soprattutto per i **lupi**, rivela una tenerezza sotto la superficie, anche se si tratta di un amore selvaggio e indomabile, come il vento stesso.

Un racconto parla di un frate errante che incontrò la **Cailleach** nella sua casa, curioso di sapere la sua età. Lei gli disse che non sapeva da quanto tempo fosse viva, ma che ogni anno macellava un bue e ne usava le ossa per fare la zuppa. Se il frate voleva davvero sapere la sua età, lo invitò a contare le ossa nella sua soffitta. Il frate mandò il suo scriba in soffitta e, man mano che le ossa venivano gettate, cominciarono ad accumularsi. Il frate si rese subito conto che la sua carta era finita, ma le ossa continuavano ad arrivare. Lo scriba non era riuscito a liberare nemmeno un angolo della soffitta. In quel momento, il frate capì: **Cailleach** era più antico del tempo stesso, una forza antica che esisteva da molto prima che l'uomo potesse ricordare.

La sua influenza sulle stagioni è profonda. In alcune storie governa l'inverno, mentre la sua controparte, **Brigida**, regna sulla primavera. Le due sono viste come forze opposte, ognuna delle quali ha il dominio su metà dell'anno. Ma in altri racconti non sono affatto due dee separate. **Cailleach e Brigid sono la stessa cosa**, due facce della stessa medaglia. Quando l'inverno svanisce, **Cailleach** beve **dal pozzo della giovinezza**, trasformandosi nella vibrante e giovane **Brigid**. Questa trasformazione è l'avvicendarsi delle stagioni, il passaggio dalla fredda quiete dell'inverno alla vita fiorita della primavera.

In un'altra versione del mito, **Cailleach** non si trasforma ma diventa di **pietra** alla fine dell'inverno, nascondendo il suo bastone sotto un cespuglio di agrifoglio o un cavallo, in attesa del ritorno dei mesi freddi. In questi racconti, la figura di Cailleach è legata alla **morte, non** solo alla morte dell'anno, ma anche alla morte delle anime. Durante il **solstizio d'inverno**, cavalca nei cieli con la **Caccia Selvaggia**, raccogliendo le anime dei morti e assicurandosi che non rimangano nel mondo dei vivi.

Stare in presenza di **Cailleach** significa confrontarsi con l'inevitabilità della morte e del cambiamento. Eppure, non c'è crudeltà nelle sue azioni. È la forza che muove la ruota delle stagioni, la mano invisibile che porta la fine affinché possa emergere un nuovo inizio. **Viandante**, se ti senti attratto da lei, sappi che ti chiama ad abbracciare i **cicli della vita**, a capire che l'inverno non è solo una fine, ma la preparazione alla rinascita.

Potreste sentire la sua presenza nel vento, nella quiete di un paesaggio ghiacciato o nell'ululato selvaggio di un lupo in lontananza. Ci ricorda che la trasformazione non è sempre dolce: può essere feroce, fredda e indomita, ma è sempre necessaria.

DEA NORRENA

Viandante, riesci a sentire l'eco di voci antiche, i cui sussurri chiamano dalla notte dei tempi, convocandoti **nelle sale del Valhalla**? Gli dèi norreni, feroci e selvaggi, hanno intessuto le loro storie nel tessuto della terra, del mare e del cielo. E nei loro racconti non c'è solo il possente tuono di Thor o la saggezza di Odino, ma anche il potere e il mistero delle dee oscure che danzano nell'ombra dei loro miti. Sono le custodi del fato, le tessitrici del destino e le guardiane della morte, forze da non temere ma da comprendere, abbracciare e venerare.

Ma il fascino della mitologia norrena va oltre il campo di battaglia. Nei racconti di questi dèi e dee, non esiste una netta divisione tra luce e oscurità. **Il bene** e il **male** sono intrecciati, proprio come le radici di Yggdrasil, l'albero del mondo, si estendono in profondità nei regni sconosciuti. Le **divinità norrene** riflettono la complessità della vita stessa: cruda, indomita e piena di contraddizioni. Sono allo stesso tempo creatori e distruttori, protettori e portatori di sventura.

Tra le ombre di Asgard, sono le **dee oscure** a esercitare il potere più enigmatico. Conoscerle significa affrontare i misteri della vita e della morte, trovarsi sull'orlo del precipizio per comprendere ciò che si cela al di là del velo.

Hela, la regina degli inferi, è una delle figure più potenti. Ella governa su **Helheim**, il regno dei morti, dove vengono inviati coloro che non muoiono in battaglia. Il suo solo nome mette i brividi, perché è colei che presiede a coloro che sono stati dimenticati dal Valhalla. Metà del suo corpo è in carne e ossa, mentre l'altra metà è fredda e senza vita: un promemoria visivo dell'equilibrio tra vita e morte. Non bisogna temerla per il suo aspetto, perché lei, come la morte stessa, è semplicemente una parte necessaria dell'esistenza. Il suo ruolo è quello di guidare i morti, di custodirli e di governare gli inferi con una presa inflessibile. Ma invocarla significa invitare alla cruda verità della mortalità. Se ti chiama, **viandante**, è perché vede nel tuo cuore il coraggio di affrontare la tua fine e di emergere con una saggezza più profonda.

Nelle pieghe del mito norreno, ci sono anche le **Norne**, le antiche tessitrici del destino. Queste tre sorelle, **Urðr**, **Verdandi** e **Skuld, siedono** sotto i rami di Yggdrasil, filando e tagliando i fili di ogni vita. Il loro potere trascende persino quello degli dèi, perché nemmeno Odino può sfuggire al suo destino. Incontrarli significa intravedere il tessuto del cosmo, dove ogni azione, ogni scelta, dà forma alla rete del destino. Sono oscuri e misteriosi, non perché siano crudeli, ma perché operano nello spazio al di là della comprensione umana. Il loro regno è il tempo stesso, sempre mutevole, sempre presente. Se ti chiamano, **viandante**, è per ricordarti che il tuo cammino è tuo, ma è anche intricato nell'arazzo più grande dell'esistenza.

Ma non è tutto morte e destino. **Freyja**, la dea dell'amore, della bellezza e della guerra, si trova sulla soglia della luce e dell'oscurità. Cavalca nel cielo su un carro trainato da gatti, simbolo del sensuale e del selvaggio. Freyja conduce metà degli uccisi in battaglia nella sua sala, **Fólkvangr**, mentre l'altra metà va nel Valhalla. È una dea di contraddizioni, che incarna sia gli aspetti nutritivi dell'amore sia il potere feroce e distruttivo della guerra. Nei suoi occhi c'è sia la tenerezza che la furia indomita. Quando Freyja sussurra il vostro nome, vi chiama ad abbracciare tutto il vostro io, sia le parti che amano sia quelle che infuriano.

Viandante, in questo viaggio attraverso il **pantheon norreno**, scoprirai che la linea di demarcazione tra la luce e l'oscurità è confusa. Le dee di Asgard non sono né puramente buone né completamente malvagie. Incarnano la complessità dell'esistenza stessa. I rigidi venti dell'**inverno norreno** possono mordere le vostre carni, ma è in questo freddo che si trova la vera forza. **Hela**, **le Norne** e **Freyja** detengono ciascuna un pezzo di verità, una verità che parla dei cicli di vita, morte e rinascita. Ed è attraverso le loro storie che potrete trovare il **potere** di svelare i segreti del vostro spirito.

Qui, nel cuore di questi antichi miti, dove i lupi ululano nella notte e i corvi volteggiano sul campo di battaglia, si nasconde una comprensione più profonda. Queste dee sono più che leggende: sono forze che abitano dentro di voi. Vi invitano ad affrontare le vostre paure, ad abbracciare i vostri desideri e a confidare nel cammino che si snoda davanti a voi.

Mentre esplori le loro storie, **viandante**, ricorda che non sono solo racconti del passato. Sono echi dell'eterna lotta che c'è in ognuno di noi, tra coraggio e paura, amore e distruzione, vita e morte.

Hel

Viandante, ti trovi ai confini di due mondi, tra il regno dei vivi e il misterioso dominio in cui le anime non sono più vincolate dal tempo. Lì, a presiedere questa soglia oscura, si trova una figura al tempo stesso temuta e **venerata**: Hel, dea degli inferi, il cui nome è diventato sinonimo della morte stessa. Conoscerla significa comprendere la sottile linea che separa la vita dall'inevitabile, tra l'esistenza e il profondo ignoto che si trova al di là.

Hel, o **Hela**, porta un nome che è anche il nome del suo dominio, un regno oscuro dove dimorano i morti. Figlia **di Loki**, il dio imbroglione, e della **gigantessa Angrboda**, Hel è nata in un mondo di caos e conflitti. I suoi fratelli, **Fenrir**, il lupo che un giorno divorerà Odino, e **Jormungandr**, il serpente del mondo che circonda Midgard, riecheggiano la natura distruttiva della loro stirpe. Tuttavia, è **Hel** che si assume il compito solenne di occuparsi delle anime dei defunti, rendendo il suo ruolo cupo e sacro al tempo stesso.

Nella sua forma, Hel incarna la dualità: metà di lei è come un gigante, **blu e senza vita**, mentre l'altra metà è come una donna mortale, **color carne e viva**. Questo contrasto simboleggia il suo dominio su due regni: quello dei vivi e quello dei morti. La sua presenza ci ricorda che la morte non è separata dalla vita, ma fa parte del suo ciclo naturale. Alcuni dicono che sia fredda e crudele, una dominatrice delle ombre, mentre altri sussurrano che sia bella nel suo modo spettrale, con lunghi capelli fluenti e una grazia eterea.

Il suo regno, **Niflheim**, si trova sotto le radici di Yggdrasil, il grande Albero del Mondo. Questo regno ghiacciato e carico di nebbia è spesso immaginato come un luogo di fredda ed eterna

quiete. Per coloro che non morivano gloriosamente in battaglia -
e quindi non potevano accedere al Valhalla - El offriva un altro
tipo di pace. Era un regno per i vecchi, per i malati e per coloro
che non avevano trovato la loro fine con la spada, ma con il
passare del tempo. Tuttavia, non tutti coloro che dimorano nel
regno di Hel trovano riposo. Gli infidi e i crudeli vengono
mandati a **Nastrond**, la Riva dei Cadaveri, dove i loro peccati
vengono ripagati in pieno, il loro sangue viene prosciugato **dal
drago Nidhogg** come punizione.

Ma non pensare che il regno di Hel sia solo un regno di
sofferenza, **viandante**. Il mondo sotterraneo è un luogo
paradossale, dove Hel garantisce l'equilibrio tra i vivi e i morti.
Per alcuni il suo regno non è una punizione, ma una tregua. Gli
stanchi, i fragili e i dimenticati si rifugiano nel suo abbraccio,
lontano dal caos di Midgard.

Le origini del potere di Hel sono legate alla **profezia** secondo cui
la sua famiglia avrebbe portato alla rovina gli dei di Asgard.
Quando Odino, l'Onnipotente, lo seppe, cercò di controllare il
destino che minacciava il suo regno. Gettò il fratello di lei,
Jormungandr, nel mare, dove sarebbe cresciuto abbastanza da
circondare il mondo. Incatenò **Fenrir**, temendo che la forza del
lupo li avrebbe distrutti tutti. Quanto a Hel, Odino la bandì nelle
profondità di Niflheim, offrendole il dominio sui morti come
modo per contenere il suo potere. In questo regno freddo, le fu
detto che avrebbe regnato su tutti i nove mondi, ma questo era
un inganno di Odino, perché il suo vero regno era solo la terra
dei morti.

Lì, nell'oscurità, Hel divenne regina. Ma non si ribellò al suo
destino; al contrario, lo accettò, crescendo nel suo potere,
comandando la vita e la morte e controllando il flusso di anime
che passavano attraverso il suo dominio. Varcare la sua soglia

significa sottomettersi al suo dominio, perché solo Hel decide chi
entra e chi esce.

Viandante, i poteri di Hel sono di vasta portata. Ha il dominio
non solo sui morti, ma anche sull'**equilibrio tra la vita e la
morte**. Può evocare gli spiriti dei caduti e solo lei ha la capacità
di liberare un'anima dalla terra dei morti. In questo modo, non è
una nemica della vita, ma la sua custode, assicurando che i
confini tra i regni rimangano intatti.

Alcuni dicono che, come suo padre, Hel sia una mutaforma. Può
apparire come un'aquila, una volpe o persino un soffio di vento.
La sua capacità di assumere forme diverse ci ricorda che la
morte stessa è un mutaforma: si presenta a ogni persona sotto
una veste unica. Ma è sempre lì, in attesa, paziente, eterna.

Nel mito, la **viandante** Hel è spesso associata ad alcuni simboli,
ognuno dei quali rappresenta una sfaccettatura del suo potere. Il
fuso che tiene in mano rappresenta il filo della vita e della morte,
tessuto dal destino e tagliato al momento opportuno. Al suo
fianco pende una **falce**, lo strumento usato per mietere la vita,
che rispecchia il suo ruolo di portatrice di morte. Alle porte del
suo regno si trova un **mastino**, simile al greco Cerbero, che
sorveglia la soglia tra i mondi. Infine, il **serpente**, come suo
fratello Jormungandr, simboleggia il ciclo infinito di morte e
rinascita, lo spargimento della pelle e il rinnovamento della vita
in un altro regno.

Hel è spesso fraintesa, vista attraverso la lente della paura a
causa del suo legame con la morte. Eppure la morte, nella
mitologia norrena, non è un male. È inevitabile. Conoscere Hel
significa accettare il ciclo di vita, morte e trasformazione. È una
forza neutrale, indifferente alle lotte dei mortali, ma essenziale
per la loro esistenza. Il suo freddo abbraccio può sembrare duro,
ma è anche giusto: non si può sfuggire al suo dominio, così come
non si può sfuggire all'ultimo respiro.

Se senti il richiamo di Hel, **viandante**, è perché ti invita a confrontarti con le tue paure della mortalità, ad abbracciare le parti di te stesso che spesso sono nascoste, sepolte sotto la superficie. Il suo regno è oscuro, sì, ma in quell'oscurità si nasconde la verità che tutte le cose devono finire per ricominciare. La dea degli inferi ci insegna ad accettare l'**ombra** come parte del tutto, ad affrontare l'inevitabilità del cambiamento e a confidare nel viaggio verso l'altro lato.

Hel, la **silenziosa guardiana** dei morti, veglia su coloro che passano nel suo regno, assicurandosi che le loro storie non finiscano nella disperazione, ma continuino nella quiete del suo dominio. È la custode dell'ultimo segreto, colei che sa cosa c'è oltre il velo. E se sei abbastanza coraggioso da incontrare il suo sguardo, **viandante**, potresti scoprire che la morte non è la fine, ma un altro passo sul cammino verso l'ignoto.

Skadi

Viandante, i venti freddi delle montagne del nord ti chiamano, sussurrandoti storie di una figura feroce e potente il cui spirito si aggira sulle cime innevate. **Skadi**, la gigantessa dell'inverno, della caccia e delle montagne, non è una dea nata ad Asgard, eppure gode del rispetto di qualsiasi divinità. La sua essenza non è avvolta nella morbidezza o nel calore, ma nei venti duri e pungenti di Jotunheim, il regno dei giganti. Skadi è una forza della natura, non per il suo lignaggio, ma perché ha preteso di essere ascoltata, vista e rispettata nel mondo degli dei.

Viene da **Jotunheim**, dove i giganti sono spesso temuti per la loro rozzezza, crudeltà e forza. Ma Skadi, nonostante la sua forma imponente e la sua **pelle blu**, era diversa. In una terra dove i feroci e i temibili regnavano sovrani, lei si distingueva non solo per la sua bellezza, ma anche per la sua **natura inflessibile**. Si diceva che nessuna donna, mortale o divina, potesse eguagliare la sua abilità nello sci o nella caccia, e nessuna poteva resistere alla dura bellezza che portava con sé con la stessa facilità con cui portava **la faretra e l'arco**.

Mentre la maggior parte degli **Jotunn** erano visti come avversari degli dei, portatori di guerra e caos, il cuore di Skadi non batteva a quel ritmo. Era **stabile**, proprio come le montagne che amava tanto. La sua forza, tuttavia, non era da sottovalutare. Era calma ma **inflessibile**, feroce quando le veniva fatto un torto, ma equa nei suoi rapporti.

La sua storia inizia con la vendetta. Quando suo padre, **Thiazi**, un gigante di Jotunheim, fu ucciso dal dio imbroglione Loki, lei sapeva qual era il suo dovere. Senza esitare, indossò l'**armatura**, con l'arco in spalla, e si diresse verso **Asgard**, la terra degli dei. Non tremò di fronte alla loro potenza e non si arrese di fronte al loro potere divino. Si alzò in piedi, chiedendo giustizia per il torto subito dalla sua famiglia.

Ma gli dei, sempre diffidenti nei confronti del conflitto, cercavano la pace piuttosto che lo spargimento di sangue. Offrirono a Skadi un accordo: il matrimonio con uno dei loro, un modo per unirla al loro mondo. Lei accettò, ma non senza condizioni. Gli dei dovevano **farla ridere**, un compito difficile per esseri così spesso consumati dal dovere e dalla serietà. Per quanto si sforzassero, non riuscirono a portare gioia alla stoica gigantessa, finché **Loki**, sempre pronto a tutto, legò una corda alla barba di una capra e l'altra estremità alle sue parti intime. I movimenti a scatti della capra e i guaiti acuti di Loki strapparono finalmente una risata a Skadi e con ciò il patto fu suggellato.

Il passo successivo del loro accordo prevedeva che lei scegliesse un marito, ma poteva scegliere solo guardando i piedi degli dei. Skadi, il cui cuore era già stato conquistato dal pensiero del **bel Balder**, cercò i piedi più belli, certa che appartenessero a lui. Ma quando il velo fu sollevato, si ritrovò a fissare gli occhi di **Njord**, il dio del mare, molto più vecchio e lontano dalla bellezza eterea di Balder.

Skadi e Njord erano diversi come le terre che governavano: uno legato al mare, l'altro alle montagne ghiacciate. Cercarono di far funzionare il loro matrimonio, dividendo il loro tempo tra la **sala costiera** di Njord, dove il suono delle onde lo cullava per addormentarsi, e le **cime innevate** di Skadi, dove il vento ululava tra le rocce e i lupi si aggiravano liberamente. Ma nove giorni in montagna erano insopportabili per Njord, e nove giorni sul mare facevano desiderare a Skadi il freddo abbraccio del vento invernale. Col tempo le loro strade si separarono, ma non ci fu amarezza, solo la consapevolezza che non tutte le unioni sono destinate a durare.

Anche se il suo matrimonio finì, la storia di Skadi non finì. La sua indipendenza, la sua ferocia e il suo legame con il mondo naturale la resero una figura da ammirare. Governò le montagne come una **regina solitaria**, una cacciatrice sugli sci, con l'arco sempre pronto, il cuore freddo e spietato come la neve che attraversava. Alcuni racconti suggeriscono che abbia trovato un compagno migliore in **Ullr**, il dio dello sci e della caccia, che condivideva il suo amore per la natura invernale. Altri sostengono che prese **Odino** come amante e gli diede dei figli che portarono la sua eredità di forza e determinazione.

Tuttavia, Skadi non era solo una figura di bellezza o di vendetta. Era una sopravvissuta, una gigantessa che si era guadagnata il suo posto tra gli dei, anche dopo il tradimento e la morte del padre. La sua fedeltà alla memoria del padre non le impedì di trovare la propria strada, né la rese cieca di fronte alla complessità della vita tra gli dei. È stata persino al fianco degli dèi durante il **Ragnarok**, il crepuscolo degli dèi, quando ha combattuto al loro fianco contro le forze del caos. Non era solo una creatura di vendetta: era una protettrice, una sovrana e, soprattutto, **una sopravvissuta**.

Il nome di Skadi ha un significato profondo. Alcuni sostengono che derivi dalla parola **"Skadi"**, che significa danno o ombra, riflettendo le sue origini di gigantessa, dove l'oscurità e la distruzione erano spesso attribuite alla sua specie. Altri sostengono che il suo nome potrebbe aver ispirato il nome della **Scandinavia**, una terra che incarna la sua dura e fredda bellezza. Che fosse una dea o una gigantessa era irrilevante per coloro che la veneravano, perché la pregavano chiedendo pietà nei rigidi inverni e protezione durante le cacce sulle montagne ghiacciate.

I suoi simboli erano semplici ma potenti: l'**arco e la freccia**, che rappresentavano la sua impareggiabile abilità di cacciatrice; le **racchette da neve**, segno della sua padronanza dei paesaggi selvaggi e ghiacciati; il **lupo**, suo costante compagno, che rappresentava il suo legame con le creature selvagge delle montagne.

Alla fine, **viandante**, la storia di Skadi è una storia di resilienza e indipendenza. Non è definita dalle sue perdite - la morte del padre o il fallimento del suo matrimonio - ma dalla sua capacità di ritagliarsi uno spazio, di esigere rispetto e di rimanere salda di fronte alle avversità. È l'incarnazione **della natura selvaggia**, del vento freddo che morde ma anche sostiene, della vetta della montagna che sembra irraggiungibile ma che offre la vista più magnifica a chi ha il coraggio di scalarla.

Così, quando i venti freddi soffiano e le montagne chiamano il vostro nome, pensate a **Skadi, la** dea che cammina tra i lupi, con l'arco pronto e il cuore incrollabile. Lei vi insegna ad abbracciare la durezza, a trovare la bellezza nella lotta e a sapere che anche nell'inverno più desolato si possono trovare forza e resistenza. **Anche voi potete dominare le montagne**.

Angrboda

Viandante, mentre attraversi le foreste dei miti dimenticati e
ascolti gli echi di storie sepolte da tempo, ti imbatterai in un
nome che indugia nell'ombra: **Angrboda**, la madre dei mostri, la
gigantessa che abitava nel cuore di Ironwood. Il suo nome porta
con sé il peso del destino, traducendosi in "colei che porta
dolore" o "portatrice di angoscia". E il dolore l'ha seguita
ovunque sia stata raccontata la sua storia, perché i suoi figli un
giorno avrebbero portato il crepuscolo degli dei.

Le origini di Angrboda affondano nelle profondità di
Jotunheim, la terra dei giganti. A differenza delle belle divinità
di Asgard, gli Jotunn erano spesso rappresentati come rozzi,
feroci e terrificanti, ma la presenza di Angrboda trascendeva il
semplice aspetto. Con i suoi **capelli rosso sangue**, la sua **pelle
bluastra** e il potere grezzo dei giganti che le scorreva nelle vene,
era una forza della natura a tutti gli effetti. La foresta in cui
viveva, **Ironwood**, era un luogo oscuro e mistico, dimora di
donne giganti, dove i segreti venivano sussurrati tra gli alberi e
le profezie di sventura prendevano forma nella terra fredda e
pietrosa. I **mostri** che portò a Loki non erano semplici creature:
erano incarnazioni del caos e del disfacimento del cosmo. **Fenrir**,
il lupo destinato a divorare il sole; **Jormungandr**, il serpente che
circondava il mondo; e **Hel**, la regina degli inferi che avrebbe
condotto le anime nel suo regno oscuro. Partorire tali esseri
significava portare nel proprio grembo il peso dei mondi. **Non si
possono portare in grembo i distruttori degli dei senza essere
forgiati da qualcosa di più oscuro, di più potente di quanto la
maggior parte possa comprendere.**

Nonostante la sua mostruosa progenie, Angrboda aveva
qualcosa di più del caos di cui era madre. Era una **veggente**,
dotata di una visione delle cose future, capace di guardare in

profondità nei fili del destino. Si diceva che fosse in grado di **decifrare le rune**, quegli antichi simboli del destino e del potere, e che la sua conoscenza della **magia** fosse vasta, in grado di rivaleggiare persino con quella di Odino stesso. Come il suo amante Loki, aveva la capacità di **mutare forma**, un potere che le permetteva di muoversi senza essere vista attraverso i regni, assumendo la forma di lupi, uccelli o persino della nebbia che si arricciava tra gli alberi scuri di Ironwood.

Ma è stata la sua relazione con **Loki** a suscitare i maggiori conflitti. Il loro amore era reale, appassionato e selvaggio. Il dio imbroglione, noto per la sua fedeltà sfuggente e la sua natura mutevole, trovò in Angrboda uno spirito affine, una compagna che condivideva la sua fame di ribellione e distruzione. Tuttavia, anche quando generò i figli di Angrboda, il suo posto ad Asgard divenne sempre più precario. Gli dèi temevano la gigantessa, perché conoscevano il destino di lei e della sua progenie. Il futuro che portava nel sangue li terrorizzava. **Odino**, sempre cauto e vigile, sapeva di non poter lasciare che i figli di Angrboda crescessero senza controllo. Temeva il loro potere, giustamente. Così inviò suo figlio **Thor** a catturare la gigantessa e a portarla ad Asgard. Il dio del tuono, potente di per sé, riuscì a portarla via da Ironwood e, nelle sale dorate di Asgard, affrontò gli dei che le avrebbero chiesto il sacrificio più grande.

Gli dei sapevano di non poterla uccidere, perché la sua magia era troppo potente e il suo legame con il destino troppo profondo. Invece, fecero un patto. **La sua libertà** in cambio dei **suoi figli**. Anche se il suo cuore soffriva, Angrboda accettò, perché sapeva che le ruote del destino avevano già iniziato a girare.

Fenrir fu legato in catene su un'isola, i suoi ululati riecheggiarono nei reami. **Jormungandr** fu gettato in mare, il suo corpo divenne così grande da poter circondare il mondo stesso.

E **Hel** fu mandata negli inferi, dove avrebbe governato sui morti. Ma queste misure, prese da Odino per paura, non avrebbero impedito l'arrivo del **Ragnarok**, la fine di tutte le cose.

Nella battaglia finale, il **Ragnarok**, i figli di Angrboda sarebbero risorti per compiere il loro destino. **Fenrir**, il grande lupo, si sarebbe liberato dalle sue catene e avrebbe divorato il sole, facendo sprofondare il mondo nelle tenebre. Avrebbe affrontato Odino in battaglia e, in quel terribile scontro, Fenrir avrebbe **inghiottito il Padreterno. Jormungandr** sarebbe emerso dagli abissi, sputando veleno e distruzione mentre combatteva contro Thor.

E **Hel**, con il suo esercito di morti, avrebbe marciato dagli inferi per unirsi alla lotta. Era la fine del mondo come lo conoscevano gli dei.

E che dire di Angrboda stessa? Alcuni dicono che abbia combattuto al fianco dei suoi figli, con il cuore in fiamme per il dolore e la furia che l'avevano sempre accompagnata. Altri sostengono che sia scomparsa, il suo destino si è perso nel caos della fine del mondo. Ma una cosa è certa: la sua **eredità** è sopravvissuta nella distruzione provocata dai suoi figli e nel nuovo mondo che è sorto dalle ceneri del vecchio.

Mentre tu, **viandante**, ti addentri nelle oscure foreste della mitologia, **Angrboda** ti ricorda il potere che deriva dall'abbracciare il caos e l'inevitabilità del destino.

È una figura di **forza**, di **magia** e di **profondo dolore**, una gigantessa la cui storia, sebbene non sia nota come altre, è altrettanto potente. I suoi figli hanno plasmato il mondo, ma lei ha plasmato loro e, attraverso di loro, continua a vivere.

In lei troverete l'incarnazione della **trasformazione**, la madre di quelle forze che portano il cambiamento, un cambiamento violento e inarrestabile. **Camminare sulle sue orme significa capire che a volte la distruzione è necessaria per il rinnovamento, che i sentieri più oscuri spesso portano alle verità più profonde.**

Quando sentite ululare i lupi o sognate serpenti che emergono dagli abissi, pensate ad **Angrboda**.

Lei è lì, nell'ombra, che osserva, aspetta, sapendo che alla fine il **caos ha sempre il suo posto**.

EVOCARE LA DEA INTERIORE

Viandante, mentre ti addentri nei regni nascosti della tua anima, questo capitolo ti invita ad abbracciare la Dea Oscura che è in te: una guida potente per sbloccare il sé ombra e risvegliare l'energia divina femminile che giace dormiente in te. Questo non è un viaggio per deboli di cuore, perché la **Dea Oscura** è uno specchio che riflette le vostre paure più profonde e il vostro potere non sfruttato.

La **Dea Oscura** che risiede in voi non è qualcosa da temere, ma piuttosto una forza da abbracciare. La società spesso ci insegna a reprimere gli aspetti più oscuri di noi stessi, a nascondere le nostre ombre sotto la superficie. Ma quelle ombre, quelle imperfezioni, sono le chiavi stesse del vostro potenziamento. Negarle significa negare una parte della propria anima.

Molti sentono un'attrazione verso questa energia ombra, ma all'inizio può essere inquietante: questa attrazione verso qualcosa che sembra allo stesso tempo misterioso e familiare. Tuttavia, **l'oscurità dentro di voi non è distruttiva per natura, ma fa parte della vostra interezza. La vostra ombra** può servire come faro di trasformazione, guidandovi nella crescita spirituale e conducendovi a una comprensione più profonda del vostro vero sé.

Quando la **Dea Oscura** inizia ad agitarsi dentro di voi, potreste notare le sue sottili manifestazioni nella vostra vita quotidiana. Forse vi sentite più insicuri, **dubitate di voi stessi in modi che vi sembrano opprimenti**. O forse avete sentito un'ondata di invidia o una paura profonda di essere rifiutati, come se il vostro valore fosse messo in discussione. Queste emozioni, per quanto spiacevoli, sono segnali che la dea interiore si sta risvegliando, spingendovi a confrontarvi con le parti in ombra di voi stessi che avete tenuto nascoste.

Potreste essere alla ricerca della perfezione, eccessivamente sensibili alle opinioni altrui o reagire con forza quando i vostri confini vengono oltrepassati. Questi sono tutti segnali che la **dea** vi chiama a fare un lavoro profondo di scoperta di voi stessi, chiedendovi di guardare alle parti di voi che hanno bisogno di essere curate e nutrite.

Riconosci questi sentimenti, viandante, perché non sono tuoi nemici. Sono i doni della dea, un promemoria del fatto che anche nei momenti più bui c'è un potere che aspetta di essere portato alla luce.

L'ombra non è qualcosa da conquistare, ma piuttosto da integrare. Abbracciando la Dea Oscura che è in voi, iniziate il processo di riconoscimento del vostro sé ombra, un passo fondamentale in questo viaggio spirituale. La **Dea** non è separata da voi; è intessuta nel tessuto stesso del vostro essere e il suo potere prende vita quando osate affrontare le parti di voi stessi che vi hanno insegnato a nascondere.

Ci sono molti modi per affrontare questo lavoro, **ma non è qualcosa che si può fare in fretta**. Alcuni possono trovare la meditazione uno strumento potente, che permette di sedersi nell'immobilità, di respirare profondamente e di concentrarsi sulle emozioni più oscure che affiorano dentro di noi. In questi

momenti di silenzio, la **dea** sussurra, invitandovi ad ascoltare le
verità che avete evitato.

Altre pratiche, come il lavoro con le ombre, sono altrettanto
profonde. In questo caso, si scava negli aspetti più oscuri della
propria personalità: i fattori emotivi scatenanti, i comportamenti
distruttivi e i desideri nascosti che si sono allontanati. Attraverso
il lavoro sulle ombre, potete portare questi pezzi alla luce,
trasformandoli in qualcosa che serva al vostro bene più elevato.
Quando scoprirete queste parti nascoste, comincerete a vedere
la saggezza che portano con sé. Non avrete più paura delle
vostre imperfezioni, ma le riconoscerete come potenti alleati nel
vostro cammino verso la completezza.

Il processo di **integrazione dell'ombra** non è facile, viandante.
Richiede pazienza, compassione e la volontà di esplorare i
territori inesplorati della tua mente e della tua anima. Ma è
attraverso questo lavoro che arriverete a comprendere la piena
profondità del potere della Dea Oscura dentro di voi. Facendo
uscire il vostro sé ombra dall'inconscio, imbriglierete l'oscurità
che un tempo vi controllava e la userete invece come strumento
per navigare nel mondo con chiarezza e scopo.

La **Dea Oscura** ci insegna che per conoscere veramente noi
stessi, dobbiamo accettare ogni aspetto di ciò che siamo: luce **e
buio, gioia e dolore, amore e rabbia**. In questo spazio troverete
le vostre verità più profonde, quelle che giacciono sotto la
superficie dei pensieri e delle emozioni quotidiane.
Connettendosi con la propria **dea interiore**, si apre la porta alla
trasformazione, a una vita in cui il proprio potere non è
diminuito dalla paura, ma potenziato dall'integrazione della
propria ombra.

Più abbraccerete il femminile oscuro, più vedrete come la sua
energia fluisce attraverso di voi. Non rifuggirete più dalle vostre
emozioni, per quanto intense possano essere. Al contrario, le

maneggerete con intenzione, **permettendovi di sentire profondamente e di vivere in modo autentico**.

Viandante, questo non è un cammino da percorrere in fretta, ma con riverenza e consapevolezza. Mentre andate avanti, ricordate che la Dea Oscura è sempre lì, in attesa dentro di voi. **Non è separata da voi; è voi**, l'incarnazione della vostra ombra e della vostra luce, della vostra paura e della vostra forza.

Lasciatevi guidare da lei nelle profondità e, così facendo, ne uscirete trasformati. **Il viaggio per abbracciare la Dea Oscura non è un viaggio di distruzione, ma di rinascita.** E quando la abbraccerete, troverete il potere che cercavate, un potere che non deriva dalla negazione della vostra ombra, ma dall'integrazione di ogni parte di ciò che siete.

Nei momenti di calma, nella quiete della vostra mente, **ascoltate il suo richiamo**. È sempre lì, in attesa di mostrarti il cammino verso la completezza, se solo hai il coraggio di seguirla nell'oscurità. **Abbracciala, viandante, e abbraccerai la pienezza della tua anima.**

Esercizio di visualizzazione delle ombre

Viandante, lascia che questa sia la tua guida mentre intraprendi un viaggio verso l'interno, nelle profondità oscure della tua anima. La **Dea Oscura** vi chiama a incontrare il vostro sé ombra, non con paura, ma con curiosità e apertura. Questa visualizzazione è uno strumento, un invito sacro a integrare le parti dimenticate o represse di voi stessi. **Prendetevi il tempo necessario, perché questo non è un percorso da affrettare.**

Per prima cosa, cercate uno spazio tranquillo dove il mondo esterno si affievolisca e dove la vostra attenzione non venga distolta. **Sedetevi o sdraiatevi comodamente** e chiudete gli occhi, lasciando che la quiete si stabilisca intorno a voi.

Inspirate profondamente attraverso la bocca, sentendo l'aria riempire i polmoni, ed **espirate dolcemente attraverso le narici,** rilasciando la tensione a ogni respiro. **Non abbiate fretta.** All'inizio la vostra mente potrebbe sentirsi inquieta, una danza di pensieri che vorticano in sottofondo. **Lasciateli liberi di muoversi senza giudizio,** come le nuvole che attraversano il cielo.

Inspirando, sentite il vostro corpo ammorbidirsi. Lasciate andare ogni tensione. Se la quiete sembra sfuggente, non forzatela e lasciatela venire naturalmente. **Forse il suono di una musica leggera per la meditazione o il profumo dell'incenso bruciato possono aiutarvi a entrare più profondamente nel rilassamento.**

Ora, mentre il vostro corpo riposa, **vedetevi all'ingresso di una grotta buia.** L'aria qui è densa, fresca e piena di mistero. Questa non è una grotta qualunque. È la grotta del vostro **sé ombra,** gli aspetti nascosti della vostra anima, che aspettano di essere scoperti.

Fatti avanti, viandante. Quando entri, senti il gelo dell'aria che ti avvolge come un velo, ma non temerlo. A ogni passo, l'oscurità vi abbraccia e voi vi addentrate nell'ignoto, guidati solo dall'istinto.

In lontananza, si nota un debole sfarfallio, una **piccola luce**, fragile ma incrollabile. **Camminate verso di essa.** Questa luce è il vostro faro e, man mano che vi avvicinate, il suo bagliore rivela una figura in ombra che si trova appena oltre la fiamma.

Qui, in questo luogo di ombre, si avverte la loro presenza: oscura ma familiare, potente ma invitante. **Vi sentite attratti e allo stesso tempo esitanti nei confronti di questa figura.** Fermatevi un attimo e ascoltate il vostro corpo. **Dove si stabilisce questa sensazione?** Nel petto, nello stomaco, nella gola? **Lasciatevi trasportare dal peso di questa ambiguità senza affrettarvi a definirla.**

Quando siete pronti, **avvicinatevi**. La figura non è qui per farvi del male. È qui per rivelare ciò che avete nascosto, per mostrarvi cosa c'è sotto la superficie.

Chiedete loro chi sono. Chiedete loro cosa desiderano dirvi o mostrarvi. **Non abbiate paura delle loro risposte.** Potreste sentire le loro parole tanto quanto le sentite, una verità che risuona nel profondo di voi. **Quest'ombra è parte di voi,** un riflesso di qualcosa che avete cercato a lungo di sopprimere. Forse si tratta di un ricordo dimenticato, di una paura sepolta o di una verità che avete negato a voi stessi.

Ascoltate con attenzione. **Prendete nota del messaggio che portano.** Può sembrare inquietante, ma sappiate che qui siete al sicuro. Non c'è bisogno di abbracciare tutto in una volta. **Prendete solo ciò che siete pronti a gestire.** Ci sarà più tempo per tornare, se necessario.

Quando sentite che la conversazione è conclusa, o quando percepite di aver ricevuto tutto quello che potete per ora, lasciate che l'ombra cominci a **svanire nell'oscurità**. Ma sappiate che ciò che vi hanno rivelato rimarrà con voi, pronto per essere esplorato ulteriormente quando lo vorrete.

Questo è solo l'inizio, viandante. Ogni volta che tornerai in questa grotta, nuovi strati della tua ombra si riveleranno. La Dea Oscura cammina con te su questo sentiero, offrendoti la forza di affrontare ciò che hai nascosto, per abbracciare la piena portata di ciò che sei.

Con il tempo e la pratica, imparerete a portare con voi quest'ombra, non come un peso, ma come una **fonte di saggezza e di potere**. Questo viaggio si svilupperà man mano che continuerete a incontrare le parti di voi stessi a lungo dimenticate e, attraverso questa pratica, vi avvicinerete ad abbracciare la **Dea Oscura** che è in voi.

Risvegliare la dea oscura che è in te

Viandante, entra nell'abbraccio della **Dea Oscura**. Questo capitolo vi guida in profondità nei suoi misteri, offrendovi pratiche che risveglieranno il vostro potere interiore e riveleranno il sé ombra che attende sotto la superficie. Ogni pratica è un invito, un rituale per connettersi, un percorso per conoscersi più pienamente, anche nelle parti che si sono a lungo nascoste.

L'influenza della **Dea Oscura** sussurra tra gli alberi, si agita nelle acque e danza sui venti. **La sua energia è intessuta in ogni elemento della natura.** Se camminate a piedi nudi sulla terra umida o ascoltate l'increspatura tranquilla di un ruscello, state toccando la sua essenza.

Cogliete ogni occasione per lasciare che la natura vi parli, anche se si tratta solo di un momento nell'erba, all'ombra di un albero. Se vivete vicino all'acqua, lasciate che le onde trasportino i vostri pensieri mentre invocate la dea. Se siete legati alla città, circondatevi di piante, pietre e cristalli: create il vostro santuario dove la sua presenza possa prosperare. **Sentitela nella quiete, nella pioggia, al chiaro di luna.**

Mentre si percorre questo cammino, il diario diventa un atto di scoperta. **È più che scrivere: è un dialogo con la vostra oscurità interiore.** Quando mettete la penna sulla carta, lasciate che i pensieri fluiscano senza restrizioni. **Scrivete la vostra verità, anche quando vi mette a disagio.** Ogni parola scritta rivela una parte di voi che desidera essere vista.

Registrate le vostre esperienze, i vostri sogni, le vostre ombre. Riflettete alla fine della settimana e vedete quali schemi emergono. **Potreste essere sorpresi da ciò che la vostra anima vi sussurra quando siete disposti ad ascoltare.** Anche quando non sapete da dove cominciare, lasciate che la vostra penna si muova. Scoprirete che sotto la superficie c'è molto di più di quanto non abbiate capito.

Abbracciare il vostro sé ombra significa abbracciare **tutto** di voi: le vostre **imperfezioni, le vostre paure, i vostri desideri.** La **Dea Oscura** conosce il potere di amare ogni parte del vostro essere, anche quelle che vi sembrano troppo selvagge, troppo rotte o troppo oscure per essere amate. **Mostratevi gentili,** perché l'amore per voi stessi è un atto sacro di recupero di tutto ciò che siete.

Accettate il vostro passato. Rilasciate ciò che non vi serve più. **Amando voi stessi, segnalate che siete pronti a integrare ogni aspetto del vostro essere.** Non siete troppo. Siete abbastanza - ogni difetto, ogni paura, ogni ombra. Offrendovi amore, aprite la porta alla Dea Oscura che è in voi. La luna oscura racchiude una profonda magia. È il momento in cui il cielo notturno è più profondo, quando l'energia della Dea oscura pulsa più forte. **In questa meditazione, viaggerete nell'oscurità** e la risveglierete dentro di voi.

Trova un posto tranquillo, viandante, e sistemati. Lasciate che il mondo svanisca mentre vi immergete nel momento. Chiudete gli occhi e fate un respiro profondo, lasciando che riempia completamente il vostro corpo prima di rilasciarlo lentamente.

Immaginate di trovarvi ai margini di una foresta scura e antica. **Seguite il vostro istinto** e addentratevi tra gli alberi. I rami in alto tessono un baldacchino di ombre, ma voi camminate con fiducia, sapendo che questo sentiero conduce alle profondità della vostra anima. **Non c'è bisogno di avere paura: questo è un terreno sacro.** Mentre camminate, vi imbattete in una radura. C'è un fuoco acceso, le cui fiamme scoppiettano dolcemente, proiettando una luce tremolante sulla terra. **Sistematevi davanti al fuoco e concentrate i vostri pensieri.** Ad ogni respiro, sentite che vi state radicando. Il respiro sale fino alla corona, scende fino ai piedi e arriva alla terra sotto di voi. **Siete connessi sia all'energia oscura che avete dentro sia alla terra stessa.** Sentite l'energia intorno a voi espandersi, circondando la radura e creando un rifugio. **Qui nulla può farvi del male.** Siete al sicuro, cullati dall'energia della terra e della Dea Oscura.

Ora, lasciate che i vostri pensieri si rivolgano ai mesi a venire. **Sentite l'energia dei vostri desideri, dei vostri progetti, delle vostre speranze.** Incanalateli nel fuoco. **Che significato hanno per voi questi sogni?** Come trasformeranno la vostra vita? Sedetevi con questi pensieri e lasciate che le fiamme li assorbano, alimentando l'energia del vostro futuro.

Mentre il fuoco brucia, la radura svanisce. **Ora siete circondati dall'oscurità.** Non c'è paura, solo tranquillità. Il sottile bagliore della luna oscura illumina il vostro cammino, guidandovi più a fondo nel mistero.

Lasciare andare. Lasciate andare le vostre paure, i vostri dubbi, i limiti che vi siete imposti. **In questa oscurità c'è libertà.** Siete connessi all'ignoto, al grande mistero, al femminile oscuro che è in voi.

Sentitela salire nel vostro cuore, la sua energia che si fonde con la vostra. Lei è la verità che portate con voi, il potere di dire la vostra verità, di viverla con coraggio. **Lasciate che l'energia salga dal vostro cuore alle stelle, riempiendovi di forza.**

Quando siete pronti, respirate ancora una volta profondamente. **Lasciate che le immagini si dissolvano** e tornate al presente. Ma sappiate che **avete risvegliato qualcosa dentro di voi.** Non avete più paura dell'ignoto. **La Dea Oscura cammina con voi ora, guidandovi attraverso le ombre e dandovi il potere di reclamare tutto ciò che è vostro.**

RITUALI AVANZATI

Viandante, se ti sei trovato attratto da questo capitolo, sei sull'orlo di un percorso più profondo e trasformativo, in cui entrerai nell'ombra e incontrerai l'energia cruda e primordiale della Dea Oscura. Questo non è un percorso per i deboli di cuore, né per chi cerca risposte rapide. Il rituale che state per intraprendere è potente e pericoloso allo stesso tempo, progettato per connettere la vostra anima con l'essenza **della Dea Oscura.**

Attenzione, questo rituale apre un varco tra il regno materiale e quello spirituale, dove le ombre danzano e le verità dimenticate emergono. È un luogo dove regna la Dea Oscura, la cui energia è potente e indomita.

Non appare senza essere richiesta e, una volta evocata, vedrà attraverso le profondità della vostra anima.

Procedete con cautela, perché invocarla significa invitare la sua presenza potente, a volte pericolosa, nella vostra vita. Porta la trasformazione, ma spesso attraverso la distruzione, mettendovi di fronte alle vostre paure più profonde, ai desideri nascosti e alle ombre irrisolte.

Preparazione del sé

Prima di entrare nel suo dominio, dovete **prepararvi completamente, sia nel corpo che nello spirito**. L'energia che cercate di invocare è primordiale e vasta, indomita e ferocemente trasformativa.

Entrare in questo spazio impreparati sarebbe una follia, perché la Dea Oscura non tollera nulla di meno di tutto se stesso.

La purificazione è il primo passo, non solo del corpo ma anche dell'anima. Ogni rituale di magia, ogni invocazione di antiche energie, richiede che ci si purifichi dal mondano.

Dovete stare in piedi, nudi, davanti a lei. Qui non c'è posto per l'ego, né per le illusioni in cui ci avvolgiamo per proteggerci.

 Togliersi i vestiti significa rimuovere le maschere, gli strati di ego, paura e controllo. La Dea Oscura, nella sua saggezza, vede attraverso ogni finzione, ogni scudo che avete costruito intorno al vostro cuore e alla vostra anima.

 Non ci si può nascondere da lei.

Prima di invocarla, c'è **un altro confine sacro** da rispettare. **Non eseguite questo rituale durante il periodo lunare.** Il sangue del ciclo mestruale, pur essendo di per sé una potente corrente di vita, interferirà con il delicato equilibrio di energie che questo rituale richiede.

Il flusso fisico del vostro sangue vitale si mescola con il flusso spirituale della Dea Oscura e, se evocata mentre state sanguinando, la sua energia può diventare volatile, incontrollabile.

La Dea Oscura, per quanto feroce, si fa rispettare per il suo potere. Non sarà invocata con leggerezza, e certamente non quando le energie dentro di voi sono disallineate. Procedete solo quando siete in piena sintonia, in armonia con il vostro corpo, spirito e mente.

La Dea Oscura vi chiama nel vostro stato più aperto, vulnerabile e ricettivo.

Questo non è un avvertimento per scoraggiarvi, ma un promemoria **del sacro contratto** che state stipulando. Lei vi incontrerà dove siete, ma **voi dovete essere pronti a stare al suo cospetto senza esitazioni.**

Il cerchio delle Quattro Torri

Viandante, stai per entrare in uno spazio dove i veli sono sottili, dove l'aria ronza con l'energia dell'invisibile. **Ora tracciate il vostro cerchio.** Questo è il vostro santuario e la vostra porta, il confine che racchiude **protezione e potere**. Tracciando questo spazio sacro, non state semplicemente segnando il terreno; state ritagliando un **regno tra i mondi**, un luogo dove il tempo si piega, dove la Dea Oscura ascolta. Ogni movimento che fate deve essere intenzionale, costante, deliberato. **Il cerchio è il vostro ponte tra il mondano e il mistico**, e al suo interno inviterete forze che si aggirano nell'ombra da secoli.

Iniziate a raccogliere gli strumenti che serviranno per questo rituale. **Avete bisogno di quattro candele, di colore scuro,** ognuna delle quali porta con sé l'antica essenza degli elementi, ma non nel modo in cui li avete conosciuti. Queste candele contengono una corrente più profonda, una pulsazione più oscura che risuona con l'energia della Dea Oscura.

La candela nera richiama la Terra, ma non il terreno fertile della primavera. Questa è la terra che ha conosciuto la morte e la decadenza, la **ricca terra nera** da cui tutte le cose alla fine ritornano. È l'oscurità fertile, la culla delle ossa, la terra fredda e solida che protegge ciò che sta sotto. Posizionate questa candela a Nord, dove la **terra è solida e fredda**, e sentite il peso dell'elemento che vi radica, tirando la vostra energia in profondità.

La candela viola evoca l'aria, ma non la brezza leggera o i venti leggeri. È il **respiro delle tempeste**, l'aria densa di antichi sussurri e misteri irrisolti, la forza che si agita nel cuore della notte quando i segreti passano di bocca in bocca. Appartiene all'Oriente, la direzione della prima luce, ma qui l'alba è avvolta nell'ombra. Quando posate questa candela, sentite l'aria addensarsi intorno a voi, carica di potenziale, in attesa di rivelare ciò che è stato a lungo nascosto.

Poi, prendete **la candela marrone (o blu scuro o verde scuro) per invocare l'acqua**. Non si tratta dell'acqua giocosa e increspata dei fiumi limpidi. È l'acqua che giace immobile in pozze buie, nelle profondità invisibili dell'oceano dove nessuna luce osa avventurarsi. È la corrente lenta e trasformativa che scolpisce il suo percorso nel tempo, nascosta ma forte. Ambientato a ovest, dove il sole si abbassa e le ombre si allungano, portando con sé la promessa di una trasformazione.

Infine, mettete **la candela rosso scuro per invocare il fuoco**. Ma questa non è la fiamma confortante del focolare. **Questo è il fuoco che distrugge**, la fiamma che elimina ogni finzione, lasciando solo la verità sulla sua scia. È l'inferno che purifica, che brucia l'illusione e la menzogna, costringendo tutti a rivelare la propria essenza. Ponete questa candela a Sud, dove il calore della trasformazione brucia più intensamente, e sentite le fiamme che si alzano dentro di voi, sfidandovi a rilasciare ciò che non serve più.

Ora **muovetevi in senso orario intorno al cerchio**, accendendo ogni candela al vostro passaggio. Lasciate che le fiamme tremolino e danzino nel buio, proiettando lunghe ombre che si allungano verso il centro del cerchio. **Quando il fuoco tocca lo stoppino, parlate ad alta voce, invitando gli elementi a sorgere e a testimoniare, a proteggere e a dare potere:**

"Per la terra nera sotto, l'aria viola sopra, le acque marroni che scorrono in profondità e il fuoco rosso che brucia dentro, chiamo le torri ad alzarsi. Sorvegliate questo cerchio. Sigillate questo spazio. Non lasciate che nessuna forza entri se non per volontà mia e della Dea Oscura".

Quando le parole lasciano le labbra, **sentite gli elementi che si agitano**. La terra sotto i vostri piedi sembra solidificarsi, radicandovi ancora di più nel rituale. L'aria si addensa, carica di elettricità, promessa di segreti svelati. L'acqua tira, lenta e profonda, suscitando emozioni e trasformazioni ancora invisibili. Il fuoco crepita e cresce, consumando tutto ciò che è falso, lasciando sulla sua scia solo la verità.

Il cerchio è ora tracciato. Siete al centro di un confine sacro, sigillato dalle antiche forze che avete invocato. **Le Quattro Torri si ergono intorno a voi**, sentinelle della terra, dell'aria, dell'acqua e del fuoco, le cui energie si intrecciano per creare uno spazio in cui solo la verità e il potere possono entrare.

Rimanete in questo cerchio e sappiate che da questo momento in poi non siete più soli. La Dea Oscura è vicina, osserva dai bordi del vostro spazio sacro, aspettando il momento in cui sarete pronti a incontrare il suo sguardo.

Il triangolo dell'evocazione

Viandante, mentre ti addentri in questo spazio sacro, è giunto il momento di **invocare il Triangolo dell'Evocazione**, il condotto attraverso il quale la Dea Oscura passerà dal suo regno in ombra al tuo cerchio. Questo triangolo non è solo un simbolo o una forma geometrica; è un **contenitore divino**, una chiave che apre la porta tra i mondi. Crea uno spazio dove le energie convergono, dove luce e ombra si intrecciano e dove la Dea stessa può manifestarsi.

Raccogliete tre **piccole candele grigie**, perché il grigio è la tonalità del mezzo, un colore che non esiste né in piena luce né nell'oscurità, ma negli spazi dove i due si incontrano. Questo è il luogo del mistero, il liminale, la soglia tra i mondi dove le ombre camminano e i sussurri indugiano. Utilizzerete queste candele per **formare il triangolo sacro, un** contenitore abbastanza forte da contenere l'immensa energia della Dea Oscura. Inginocchiatevi al centro del vostro cerchio, l'aria è già densa del potere delle Quattro Torri. Con mani ferme, posizionate le candele grigie a forma di triangolo nel cuore dello spazio. **Sentite il peso della vostra intenzione che si deposita** mentre lo fate. Questo triangolo diventerà **la culla della presenza della Dea**, un contenitore per contenere la sua energia mentre scende.

Ora prendete un pezzo di **pergamena**, pura e bianca, e preparatevi a scrivere il nome della Dea che volete evocare. Dovete scrivere il suo nome nella **scrittura tebana**, l'antico alfabeto delle streghe. Scrivete con **inchiostro rosso**, perché il rosso è il colore della vita, del sangue, dei sacrifici che facciamo in questo viaggio. Quando il rosso scorre dalla penna, **sentite che l'inchiostro vi lega alla Dea**, sigillando il vostro intento con un filo di energia che si estende tra voi e la sua forma invisibile.

Le parole che scrivete hanno un potere, perché in esse la richiamate, evocandola dalle profondità dell'invisibile.

Posizionate con cura la pergamena all'interno del triangolo di candele. **È un'offerta sacra**, un messaggio lanciato nell'abisso, in attesa della sua risposta. Il nome che avete inciso non è una semplice parola: è una chiave, una porta attraverso la quale la sua presenza fluirà. Ha il peso di antichi misteri e, ponendolo al centro del triangolo, le aprite la strada per farsi avanti.

Poi si deve accendere l'incenso di evocazione. L'incenso deve essere una miscela di **carbone e spezie secche, materiali** che portano la risonanza della terra e del fuoco, della trasformazione e della purezza. Mentre accendete l'incenso, **osservate il fumo che sale** in viticci arricciati, che si attorcigliano e si trasformano mentre salgono nell'aria. **Il fumo è la vostra offerta**, il ponte tra il mortale e il divino. Trasporta la vostra volontà verso l'alto, nei regni che si trovano oltre il vostro cerchio, oltre la vista degli occhi umani. **Lasciate che trasporti il vostro intento come una supplica sussurrata**, delicata ma risoluta, che si snoda a spirale attraverso gli spazi invisibili che collegano questo mondo a quello in cui dimora la Dea Oscura.

Man mano che il profumo si diffonde nell'aria, l'atmosfera intorno a voi inizierà a cambiare. Le fiamme delle candele grigie potrebbero tremolare, rispondendo all'energia che avete invocato. Lo spazio all'interno del vostro cerchio si sentirà più pesante, l'aria densa di attesa. **Non siete soli** qui, non più. La Dea Oscura vi ascolta e presto sentirete la sua presenza agitarsi.

Lasciatevi coinvolgere dall'**energia del rituale**, abbandonandovi all'attrazione del fumo e del fuoco, del profumo e del silenzio. Il vostro cuore potrebbe battere forte, ma non temete. **Verrà a suo tempo**, quando il velo tra i mondi si sarà assottigliato abbastanza da permetterle il passaggio.

Mentre aspettate, sintonizzate i vostri sensi. **Sentite il cambiamento dell'aria**, il sottile tremore del terreno sotto i vostri piedi. La Dea Oscura si sta avvicinando, attratta dall'evocazione che avete preparato con cura. **La sua essenza indugia ai margini della vostra consapevolezza**, un'ombra all'angolo della vostra visione, una presenza che non potete ancora vedere completamente ma che potete già sentire nel profondo della vostra anima. **Non state più aspettando, state diventando parte dell'evocazione stessa**.

Questo è il momento che precede il suo arrivo, la pausa prima della tempesta. Rimanete saldi nel vostro cerchio, perché qui l'energia è selvaggia, antica e potente. **Siete ora sulla soglia**, il punto in cui i mondi si scontrano, dove voi e la Dea vi incontrerete.

Il suo arrivo non sarà delicato. È la Dea Oscura, dopo tutto, e la sua presenza **vi metterà alla prova, ma** vi trasformerà anche. Resta con lei, viandante, perché sei già arrivato fin qui. **Abbiate fiducia nel rituale, nello spazio che avete creato** e nella connessione che avete evocato.

Lo spazio rituale

Viandante, sei arrivato fin qui e ora inizia il vero lavoro. Mentre vi preparate ad addentrarvi ancora di più nel regno dell'ombra, **prestate attenzione ai simboli che state per collocare** all'interno del vostro cerchio, perché non sono semplici oggetti, ma strumenti sacri, ognuno con la propria energia, ognuno come porta verso l'ignoto.

Nel **punto più settentrionale** del cerchio, prendete in mano la **candela bianca**. Questa candela, sebbene bruci con una fiamma bianca, non è un simbolo di luce come la conoscete. È il **fuoco purificatore, una** fiamma che brucerà la paura e l'esitazione, creando uno scudo intorno a voi mentre vi addentrate nei regni oscuri. **Sentite la cera tra le dita** mentre la posate, percependo il potere che racchiude, per ricordarvi che anche nell'ombra c'è protezione. **La sua fiamma non danza in segno di sfida contro l'oscurità**, ma come guida attraverso di essa, garantendo la vostra sicurezza mentre affrontate l'ignoto.

Ora, nel **punto più a sud**, di fronte alla fiamma bianca, posizionate **lo specchio di ossidiana**. Questo non è uno specchio comune, viandante. È forgiato dal cuore del fuoco vulcanico, nato dal ventre stesso della terra, una **creazione di energia grezza ed elementale**. L'ossidiana è la pietra della trasformazione, un riflesso non solo del mondo esterno ma anche delle vostre ombre più profonde. **Non vi mentirà**, né vi coccolerà. È un portale, una porta attraverso la quale la Dea Oscura si rivelerà. Posizionatela con riverenza, sapendo che una volta guardata nelle sue profondità, potreste non vedervi più allo stesso modo.

Quando lo specchio e la candela sono pronti, siete pronti a entrare nello **spazio tra di loro, lo** spazio che contiene sia

l'ombra che la luce, la paura e il coraggio, la verità e l'illusione.
Mettetevi al centro del cerchio, tra la fiamma bianca della protezione e lo specchio di ossidiana dell'ombra. Ora siete il ponte, il viandante, tra il materiale e lo spirituale, il visibile e l'invisibile.

Chiudete gli occhi e fate un respiro profondo. Sentite il peso dell'aria intorno a voi - il modo in cui si addensa, come se fosse infusa dell'energia delle Quattro Torri e del potere del Triangolo che avete evocato. Lasciate che il vostro respiro vi ancori, attirandovi più profondamente nell'energia del cerchio. **A ogni inspirazione**, sentite l'energia che sale dalla terra sotto i vostri piedi, che vi riempie e vi radica. **A ogni espirazione**, percepite la presenza della Dea Oscura che si avvicina sempre di più, come se fosse attratta dalla vostra chiamata, trascinata nello spazio che avete creato.

La sua energia non è morbida, viandante. **È selvaggia e indomita**, vortica attraverso il fumo dell'incenso, tremola tra le fiamme delle candele. Riesci a sentirla ora, vero? **Una presenza, una forza al tempo stesso** familiare e terrificante. Non è qui per confortarvi, ma per **mostrarvi le verità che avete nascosto a voi stessi**, per farvi affrontare le ombre che dimorano dentro di voi. **La sua energia si diffonde a spirale attraverso di voi**, riempiendo il cerchio e rendendo l'aria densa del suo potere. Siete sull'orlo di qualcosa di immenso, qualcosa che vi trasformerà se lo permetterete.

Ma non guardatevi ancora allo specchio. Non prima di essere pronti.

Respirate di nuovo, questa volta più profondamente. Sentite l'ossidiana sotto i vostri piedi, la pietra della trasformazione, solida e inflessibile. Lasciate che la sua energia fluisca verso l'alto, ancorandovi alla terra, mentre la presenza della Dea Oscura inizia a vorticare intorno a voi, la **sua essenza si fonde**

con l'aria, la terra, il fuoco e l'acqua del vostro cerchio. Ora è vicina, il suo potere è così palpabile che sembra che le ombre stesse siano vive, **si muovano, respirino**, aspettando il momento in cui vi guarderete allo specchio e vedrete lei - vedrete voi stessi - come non avete mai fatto prima.

Questo è il momento di **quiete prima della tempesta**, la calma prima che la Dea Oscura si riveli pienamente. Sei sul precipizio, viandante, tra ciò che sai e ciò che temi. **Non affrettate** questo momento. Lasciatelo indugiare. Lascia che l'energia si accumuli, come un'onda che raccoglie forza e si prepara a infrangersi.

Quando siete pronti, aprite gli occhi e **giratevi verso lo specchio di ossidiana**. **Sentite la sua attrazione**, il modo in cui vi chiama, facendovi cenno di guardare nelle sue profondità. Ma sappiate che **ciò che vedete riflesso nello specchio non è solo la vostra forma esteriore**, ma il riflesso del vostro sé ombra, le parti di voi che sono state nascoste, dimenticate, forse persino temute. La Dea Oscura **si rivelerà attraverso questo specchio**, ma rivelerà anche voi: le **verità che giacciono sotto la superficie, le paure che avete seppellito, i desideri che avete negato**.

Fatti avanti, viandante. **Guarda nello specchio. Lascia che i suoi occhi incontrino i tuoi**. Sei pronto.

L'invocazione della Dea Oscura

Viandante, ora sei pronto, allineato sia nel corpo che nella mente. **L'aria si addensa intorno a voi**, vibrando con l'energia che avete evocato, e ora è il momento di pronunciare i nomi sacri della Dea Oscura. Questi nomi sono antichi, ognuno di essi è una chiave che apre la porta che si trova tra questo mondo e i regni oscuri dove lei dimora. Ma sappiate che non potete comandarla. Non potete forzare la sua mano. La state chiamando, la state invitando nel vostro spazio, nella vostra vita, nella vostra stessa anima.

La vostra voce deve portare il peso del vostro intento. **Sentite l'energia salire dentro di voi** mentre vi preparate a parlare. La jacula, l'antica preghiera di invocazione, è più di una serie di parole: è un incantesimo, una vibrazione che risuonerà nel cerchio, nel triangolo di evocazione e oltre. Quando iniziate a cantare, ogni nome è come un battito di tamburo che la avvicina.

"Lilith... Morrigan... Hekate... Kali... Lilith... Morrigan... Hekate... Kali..."

Sentite il potere di questi nomi dentro di voi. Ad ogni ripetizione, **agitate l'aria** e il cerchio si carica. L'energia aumenta a ogni respiro, a ogni invocazione. Non state più semplicemente parlando, **state canalizzando**. Queste non sono solo parole, sono porte, e ogni dea che nominate contiene la chiave per una parte diversa dell'ombra del divino femminile, un volto diverso di potere, saggezza e distruzione.

Le vibrazioni del canto **risuonano nelle ossa**, riverberandosi in tutto il vostro essere. Le candele tremolano, le loro fiamme danzano al ritmo dell'energia crescente. E ora, viandante, **volgi lo sguardo allo specchio di ossidiana**. Che cosa vedi? All'inizio potrebbe esserci solo oscurità, ombre che si muovono e turbinano. **Ma non distogliere lo sguardo**. Tieni lo sguardo fisso, perché è qui che la Dea Oscura si rivelerà. Potrebbe presentarsi come una figura in ombra, come un corvo appollaiato sul bordo dello specchio o come una donna ammantata di tenebre, la cui forma è visibile solo in parte.

L'immagine può cambiare, fluida e sfuggente, ma **la sua presenza si rafforzerà**. La sentirete come un peso che preme sul vostro petto, sulla vostra stessa anima. **Lei è qui**. E quando i vostri occhi incontreranno i suoi, lo saprete. Avete aperto la porta e lei l'ha attraversata.

La Dea Oscura non è priva di sfide. **Il suo sguardo elimina le vostre finzioni**. Vi vede per ciò che siete veramente e vi mostrerà ciò che avete bisogno di vedere, anche se è ciò che avete a lungo evitato. **Respira, viandante. Non sottrarti a questo momento**. Lascia che la sua energia ti inondi, riempia lo spazio, penetri nel tuo essere. È per questo che l'hai chiamata: per affrontare ciò che è stato nascosto, per affrontare l'ombra.

La sua presenza vi metterà alla prova. Potreste sentire un'ondata travolgente di emozioni: paura, dolore, rabbia, tristezza. Lei porta queste cose in superficie, non per spezzarvi, ma per rendervi più forti, per prepararvi alla trasformazione. Questo è il potere della Dea Oscura. **Lei non si nasconde dalla verità**, e nemmeno voi dovete farlo.

Sentite il suo potere riempire il cerchio. Si diffonde a spirale intorno a voi, attraverso il triangolo di evocazione, fino al cuore del vostro essere. **Non siete più separati da lei**. La sua energia scorre attraverso di voi e voi attraverso di lei. I confini tra voi e la Dea Oscura si confondono, fondendosi in un'unica entità. **Questa è la connessione che cercavate**. Questo è il risveglio che desideravate.

Rimanete con lei il più a lungo possibile. Permettetele di mostrarvi ciò che avete bisogno di vedere, di guidarvi attraverso il labirinto della vostra anima. Non se ne andrà finché il suo lavoro non sarà terminato, finché non avrete affrontato le ombre che avete dentro. **Ma sappi**, viandante, che una volta che l'hai invitata nella tua vita, rimarrà con te, anche dopo che il rituale sarà terminato. **La sua presenza permane**, ricordandovi il viaggio che avete iniziato e la trasformazione che vi attende.

Quando sarete pronti, e solo quando lo sarete, **potrete liberarla**. Ma la Dea Oscura sarà sempre con voi, la sua essenza è intessuta nel tessuto del vostro essere. Non siete più gli stessi. L'avete vista e, così facendo, avete visto voi stessi.

Bando e chiusura

Viandante, ora che la Dea Oscura si è rivelata e ha sussurrato le sue verità alla tua anima, è tempo di chiudere con cura il rituale. La sua presenza, potente e cruda, deve essere rilasciata con intenzione, altrimenti potrebbe persistere in modi che ancora non comprendete. La sua energia, se lasciata libera, può disturbare l'equilibrio che avete cercato di creare.

Sentite il peso della sua presenza che si affievolisce leggermente, ma lei rimane vicina, in attesa che completiate il processo. Prendete in mano la candela bianca: è il vostro ultimo atto di protezione, la fiamma che brucia le ombre persistenti, sigillando il passaggio. Tenetela in alto sopra di voi e pronunciate le parole che la guideranno verso il suo regno:

"Dea oscura, ti ringrazio per la tua presenza. Ti lascio ora nel tuo regno. Vai in pace, mentre io rimango".

L'aria si sposta mentre parlate, la vostra voce porta con sé gratitudine e comando. Spegnete la candela bianca, osservando la fiamma che tremola per un ultimo istante prima di scomparire nel fumo. **Questo semplice respiro chiude la porta**, segnando la fine del suo passaggio nel vostro mondo. La connessione inizia a dissolversi.

Ora, rivolgete la vostra attenzione allo specchio di ossidiana. **La sua superficie, un tempo viva con la sua essenza, è ora immobile.** Con delicatezza e senza fretta, coprite lo specchio con un panno nero. Questo panno è più di una copertura: sigilla il portale, assicurando che non passi più nulla. **L'oscurità dietro lo specchio rimane dietro di esso.** State chiudendo la porta, ma non per sempre.

Sentite il cambiamento di energia, un sottile allontanamento,
come la marea che si ritira. **L'aria diventa più leggera**, ma il
vostro lavoro non è ancora finito. Cammina con determinazione,
viandante, **in senso antiorario intorno al tuo cerchio**. Questo
percorso annulla ciò che avete creato, chiudendo lo spazio sacro.
Quando raggiungete ogni candela, spegnete la sua fiamma una
per una e ringraziate gli elementi che hanno fatto da sentinella.

*"Per la terra nera, per l'aria viola, per le acque marroni, per il fuoco
rosso, io libero i guardiani del cerchio. Il mio lavoro è finito. Andate in
pace".*

Ogni fiamma si spegne a sua volta e con essa i guardiani degli
elementi tornano nei loro regni lontani. Quando la luce
dell'ultima candela si spegne nell'oscurità, posizionatevi al
centro del cerchio ormai chiuso. **Respirate profondamente**.
Sentite l'energia che prima pulsava con intensità ora si stabilizza
in un ronzio calmo e gentile. Avete percorso il sentiero in ombra,
avete affrontato la Dea Oscura e ora siete tornati a voi stessi. Ma
siete cambiati.

Viandante, **non sarai più lo stesso.**

Dopo il rituale

La Dea Oscura è con voi ora, la sua essenza è intessuta nel vostro essere. **La sua presenza indugia silenziosa**, negli angoli dei vostri pensieri, nello spazio tra i respiri. Forse non la vedrete, ma la sentirete nei momenti tranquilli della vostra giornata, nei vostri sogni, nei momenti di quiete e, soprattutto, nei momenti di maggiore trasformazione. **Le sue lezioni sono raramente gentili**, ma sono sempre vere, sempre propositive.

Preparatevi, perché la sua energia vi metterà alla prova, spingendovi ad affrontare le ombre che avete a lungo ignorato. **Gli angoli bui della vostra anima non si nasconderanno più al suo sguardo.** Dove un tempo vedevate la paura, lei vi mostrerà la forza. Dove vi siete aggrappati a vecchie ferite, lei vi chiederà di liberarle. L'avete chiamata, e ora lei cammina con voi.

Il cambiamento arriverà. Non c'è modo di evitarlo, perché la Dea Oscura non entra nella vostra vita senza lasciare il segno. Potreste scoprire che vecchie abitudini, credenze e relazioni iniziano a cambiare, spesso in modo inaspettato. **Porta la tempesta, ma con essa la chiarezza che arriva solo dopo la pioggia.**

La vedrete nei momenti di riflessione silenziosa, quando il mondo intorno a voi si ferma e non vi resta altro che il pensiero. Sentirete la sua voce nel sussurro del vento, **nelle ombre proiettate dalla luce della luna** e nelle profondità della vostra intuizione. È lo specchio scuro della vostra anima, che riflette ciò che avete bisogno di vedere, non ciò che desiderate vedere.

Viandante, non temere la sua presenza. L'avete invitata nella vostra vita per un motivo. **È qui per guidarvi**, per abbattere ciò che non vi serve più e per aiutarvi a risorgere dalle ceneri della vostra trasformazione. Il suo potere è forte, ma lo è anche il vostro. Avete la forza di percorrere questo cammino, perché la Dea Oscura non sarebbe venuta da voi se non foste stati pronti.

Ora, camminate con la consapevolezza di non essere soli. **Lei è con voi**, vi osserva, vi guida e aspetta la prossima volta che la chiamerete. Fino ad allora, viandante, vivi con la consapevolezza che le ombre non sono più qualcosa da temere: sono i luoghi in cui risiede il tuo potere, in attesa di essere rivendicato.

L'avete chiamata e ora è con voi.

Se avete bisogno di aiuto durante i rituali

Viandante, se in qualsiasi momento del rituale senti il peso delle energie che ti circondano diventare troppo intenso, o se la presenza della Dea Oscura ti sembra opprimente, puoi invocare **JHS GNS, lo** spirito della foresta, figlio e amante della Dea. La sua presenza è una forza gentile ma potente, che vi guida e vi protegge durante il vostro lavoro sacro.

Per evocarlo, chiudete gli occhi e iniziate a **visualizzare la sua forma: un** fauno, nudo e privo di pesi, ma pieno di forza antica. Le sue gambe sono forti, radicate alla terra come gli alberi dei boschi più profondi, e la sua pelle è pallida e liscia, baciata dalla luce dell'alba. I suoi lunghi capelli dorati gli scendono lungo la schiena come fili di luce solare e i suoi occhi, blu come l'acqua limpida e immobile, racchiudono la profondità di misteri dimenticati. Il suo volto, androgino e senza età, non è né pienamente maschile né femminile, ma una miscela di entrambi, che irradia una bellezza serena e ultraterrena. Al di sopra della sua fronte, le corna di un cervo si ergono elegantemente, volte verso il cielo, a simboleggiare il suo legame con la terra e la natura selvaggia.

Si fa avanti dolcemente, emergendo dai margini della vostra visione, dagli spazi tra i mondi, dove la foresta e le ombre si fondono. Ora potete sentire la sua presenza: una forza calma, che mantiene le basi e bilancia l'intensità del rituale. La sua energia è selvaggia ma nutriente, e vi ricorda che non siete mai soli nell'oscurità, perché la natura stessa è con voi.

Per chiamarlo, pronunciate queste parole con intenzione:

"JHS GNS, spirito delle terre selvagge, figlio e amante della Dea Oscura, ti invito a guidarmi, a stare con me in questo spazio sacro. Per le corna del cervo e la morbida terra sottostante, vieni da me ora e prestami la tua forza".

Mentre parlate, **visualizzatelo accanto a voi**, con i suoi occhi blu che incontrano i vostri, offrendovi una silenziosa rassicurazione. Sentite il calore della sua presenza, mentre regola le energie intorno a voi, il suo ruolo di protettore e di guida è chiaro. Non è lì per interferire con il vostro lavoro, ma per fornire un passaggio sicuro attraverso le ombre, una forza gentile per bilanciare le correnti oscure.

Se l'energia del rituale dovesse diventare opprimente, **concentratevi sulla sua immagine**, sulla forza delle sue gambe, sulla calma nei suoi occhi. Egli vi aiuterà a navigare nell'intensità della presenza della Dea Oscura, guidandovi in modo sicuro attraverso il rituale e assicurandovi di rimanere a terra.

Una volta completato il rituale e pronti a liberarlo, ringraziatelo per la sua presenza:

"JHS GNS, ti ringrazio per la tua guida e la tua protezione. Ritorna ora nelle terre selvagge, nelle foreste da cui sei venuto. Ti lascio in pace".

Mentre pronunciate queste parole, visualizzate il suo ritiro nell'ombra, la sua forma che si dissolve nella nebbia, finché non rimane che il debole sussurro della sua presenza, sempre presente, pronto a tornare quando lo invocherete di nuovo.

TABELLA DELLE CORRISPONDENZE

Dea	Erbe	Incenso	Cristalli	Piante
Hekate	Salvia, Tasso, Mandragola	Mirra, artemisia	Ossidiana, tormalina nera	Cipresso, Tasso
Persefone	Menta, semi di melograno, prezzemolo	Incenso floreale, incenso	Granato, rubino, melograno	Grano, Narciso
Nyx	Lavanda, Salice, Edera	Resina, legno di sandalo nero	Onice, ossidiana nera, gesso	Pungitopo, papavero
Giunone/Hera	Loto, Lavanda, Rosa	Gelsomino, Rosa	Zaffiro, Smeraldo	Melograno, Peonia
Diana/Artemide	Artemisia, Cipresso, Assenzio	Cedro, pino	Pietra di luna, ametista, argento	Quercia, cedro, cipresso
Medusa	Radice di serpente, Datura	Mirra, Patchouli	Serpentina, malachite, onice nera	Belladonna, Edera

Sekhmet	Basilico, cannella, erba gatta	Cannella, Ambra	Corniola, occhio di tigre, rubino	Girasole, papavero rosso
Nephthys	Cipresso, papavero, rosmarino	Mirra, Sandalo	Ossidiana, Ematite	Cipresso, prugnolo
Hathor	Rosa, camomilla, gelsomino	Incenso, Rosa	Malachite, turchese, lapislazzuli	Fico, Papiro
Dado	Loto, gelsomino, mirra	Incenso, Sandalo	Lapislazzuli, Zaffiro stellare	Fico, Papiro
Lilith	Patchouli, Assenzio, Artemisia	Muschio scuro, Mirra	Onice nera, granato, pietra di luna	Assenzio, prugnolo
Inanna	Mirto, Gigli, Rosa	Incenso, Rosa	Granato, corniola, oro	Mirto, Gigli
Ereshkigal	Cipresso, papavero, edera scura	Incenso, Sangue di Drago	Ossidiana nera, Granato	Edera scura, Cipresso
Baba Yaga	Artemisia, pino, prugnolo	Pino, Artemisia	Tormalina nera, getto	Prugnolo, Quercia

Marzanna	Belladonna, verbena, artemisia	Mirra, Salvia	Ematite, Onice nera	Prugnolo, Belladonna
Kali	Ibisco, Loto rosso, Assenzio	Gelsomino, Sandalo	Quarzo fumé, tormalina rossa	Ibisco, Loto
Durga	Basilico, ibisco rosso, alloro	Sandalo, Gelsomino	Diaspro rosso, corniola, rubino	Banana, albero di Ashoka
Chinnamasta	Artemisia, Ibisco, Verbena	Sandalo, Gelsomino	Pietra sanguigna, ossidiana	Ibisco, Loto
Chamunda	Artemisia, Sanguinella, Assenzio	Sandalo, Cedro sanguigno	Ossidiana, quarzo fumé	Radice di sangue, Datura
Hiḍimbā	Artemisia, Datura, Radice di sangue	Mirra, Sangue di drago	Diaspro rosso, ossidiana	Datura, Acacia
Oya	Basilico, Eucalipto, Patchouli	Sandalo, Cannella	Ametista, Granato, Diaspro rosso	Croton, Violetta africana
Yewa	Gelsomino, Loto bianco, Gigli	Gelsomino, Rosa	Quarzo rosa, ametista, perla	Ninfea, Loto

Morrigan	Belladonna, verbena, artemisia	Sangue di drago, Salvia	Ossidiana nera, Granato, Pietra sanguigna	Prugnolo, Quercia
Macha	Trifoglio, Menta, Sorbo	Incenso, Cedro	Diaspro rosso, pietra di sangue	Trifoglio, Rowan
Badb	Artemisia, Verbena, Erica	Sangue di drago, mirra	Ossidiana, Ematite	Prugnolo, Biancospino
Cailleach	Ginepro, Erica, Edera	Pino, Cedro	Quarzo fumé, getto	Edera, Tasso
Hel	Giusquiamo, Tasso, Enotera	Sandalo, Cipresso	Onice, tormalina nera	Tasso, Cipresso
Skadi	Pino, betulla, ginepro	Pino, Cedro	Lapislazzuli, ossidiana a fiocco di neve	Betulla, Pino
Angrboda	Cicuta, aconito, artemisia	Mirra, artemisia	Onice nera, ossidiana	Alcefalo, Cicuta

CONCLUSIONE

Viandante, se ti trovi sulla soglia di antichi misteri, la tua curiosità non è fuori luogo. Il fascino delle antiche culture, intessuto di fili di mitologia, magia e rituali dimenticati, ha sempre richiamato coloro che cercano qualcosa di più profondo, qualcosa che va oltre il velo dell'esistenza ordinaria. È il richiamo del passato, di antiche divinità il cui potere trascende il tempo. Ma se siete qui, forse non è solo la storia a intrigarvi. Forse *è lei* stessa a chiamarvi: la Dea Oscura, che sussurra attraverso i venti della vostra vita, chiamandovi alla trasformazione.

Il viaggio che avete intrapreso attraverso queste pagine non è solo di conoscenza. È un'iniziazione. Dal momento in cui avete aperto questo libro, avete iniziato un cammino che pochi osano percorrere: un cammino in cui le ombre si fondono con la luce e il divino femminile attende, velato dalle tenebre, di rivelarvi la sua verità.

Non siete venuti qui per comprendere le divinità del passato come figure lontane chiuse nelle pagine della storia. No, siete venuti perché *qualcosa dentro di voi* si agita. La Dea Oscura chiama a raccolta coloro che sono pronti ad abbracciare le profonde e spesso sconvolgenti verità che risiedono al suo interno. Trasforma, non delicatamente, ma attraverso il fuoco e l'ombra, abbattendo il vecchio per rivelare il potere grezzo e indomito dell'anima. Se vi chiama, sappiate che la vostra vita sta per cambiare in modi che forse non riuscite ancora a comprendere.

Avete iniziato esplorando l'essenza stessa della Dea Oscura: il suo ruolo di incarnazione del sé ombra, dell'invisibile e della forza inequivocabile del potere femminile. La sua energia non è morbida, è primordiale. Avete sentito la sua presenza nelle storie di Ecate, Persefone e Nyx, dee greche spesso incomprese, il cui dominio si estende dagli inferi al cielo notturno, che sono allo stesso tempo temute e venerate. Non sono dee della pace, ma del potere, della trasformazione e del mistero.

Anche l'antico Egitto ha la sua parte di figure oscure e potenti. In Sekhmet, la dea guerriera, e in Nephthys, guardiana dei morti, si percepisce la feroce protezione di coloro che camminano tra i mondi, dove la guerra e il caos coesistono con la medicina e la guarigione. Il pantheon egizio è intriso di equilibrio tra vita e morte e, attraverso queste divinità, la Dea Oscura si manifesta sia come distruttrice che come nutrice.

Dalle sabbie dell'Egitto, avete viaggiato verso la fertile mezzaluna della Mesopotamia, dove la dea Ereshkigal regna sugli inferi. Nella sua storia avete assaporato l'amarezza dell'esilio e della sovranità, dove la morte non arriva come un nemico, ma come un regno da governare. Nella mitologia slava, avete scoperto gli aspetti agghiaccianti di dee come Marzanna, che incarna la morte dell'inverno e la rinascita che ne consegue. Queste figure, come la stessa Dea Oscura, esercitano un potere che è al tempo stesso terrificante e necessario.

E poi c'è la cultura indù, dove la Dea Oscura assume molte forme, dalla feroce danza di distruzione di Kali allo sconvolgente sacrificio di Chinnamasta. Queste dee sfidano la comprensione della vita e della morte, invitando a vedere il divino anche nel caos, anche nella fine. La Dea Oscura nella mitologia indù è una forza di trasformazione, temuta e venerata allo stesso tempo, perché abbatte le illusioni e fa emergere la verità.

In Africa avete incontrato gli Orisha, dee come Oya che comandano le tempeste e camminano con i morti. L'energia spirituale di queste divinità, legate alla natura e agli elementi, vi ricorda che la Dea Oscura non è solo una figura del passato. È presente, vorticando tra i venti e le acque, radicandosi nella terra sotto i piedi. La sua energia è cruda e indomita, come la terra stessa.

Il vostro viaggio è proseguito attraverso le nebbie della mitologia celtica e norrena, dove le dee oscure come Morrigan e Hel regnano sulla vita, sulla morte e su tutto ciò che sta in mezzo. Sono dee che non rifuggono dalla dura realtà dell'esistenza, ma la abbracciano pienamente. Vi chiedono di affrontare l'oscurità che avete dentro, di affrontare gli inevitabili cicli di vita, morte e rinascita e di rivendicare il vostro potere nel farlo.

Viandante, non hai solo letto le loro storie, le hai sentite, non è vero? Queste dee non sono solo figure da comprendere intellettualmente. Sono energie da abbracciare. Vi invitano a guardare più a fondo dentro di voi, a connettervi con le parti in ombra di voi stessi che forse avete a lungo ignorato.

Imparando a conoscere queste divinità, avete iniziato a risvegliare la vostra Dea Oscura interiore. Siete entrati nello spazio trasformativo in cui l'ombra incontra la luce, in cui il divino femminile non esiste in un dolce sussurro, ma in venti ululanti e fiamme ruggenti. La Dea Oscura è *dentro di voi*, in attesa di essere riconosciuta, in attesa che riconosciate il suo riflesso nella vostra stessa anima.

Avete imparato che abbracciarla richiede una profonda comprensione del vostro sé ombra. Avete approfondito gli aspetti psicologici e spirituali di questo lavoro sull'ombra, imparando a integrare le parti nascoste e spesso scomode di voi stessi che avete represso. I rituali e le pratiche di queste pagine non sono solo antiche reliquie, ma strumenti per la vostra evoluzione spirituale. Sono offerte alla dea interiore e guide per il vostro viaggio nelle profondità della scoperta di voi stessi.

Non si può più tornare indietro, Viandante. La Dea Oscura ti ha visto. Cammina con te, nei tuoi sogni, nei tuoi momenti di quiete e di contemplazione, nei momenti in cui senti la tua stessa forza crescere in te. È nei momenti di trasformazione, quando la vita sembra sgretolarsi intorno a voi, per poi essere ricostruita più forte e più allineata con il vostro vero sé. Le sue lezioni non sono sempre facili, ma sono sempre potenti.

L'avete chiamata e lei ha risposto. Ora tocca a voi ascoltare. Ascoltate attentamente, perché vi rivelerà le verità che avete bisogno di sentire. La sua energia vi metterà alla prova, ma vi guiderà anche verso una comprensione più profonda di chi siete. Questo è il sentiero della Dea Oscura e tu, Viandante, lo stai percorrendo.

Siate pronti, perché lei porta il cambiamento. Siate aperti, perché lei porta saggezza.

Un altro libro di Templum Dianae per te

https://www.amazon.it/Fiamme-Gemelle-Definitivo-
Guarigione-dAttrazione/dp/B0DHCM4CNH

contenuti inclusi

Congratulazioni per aver ricevuto questo libro!
Se vuoi attrarre e manifestare più Amore e Abbondanza e
scoprire argomenti e spiritualità, unisciti alla comunità di
Templum Dianae e ricevi gli MP3 di meditazione guidata per
risvegliare il tuo sé interiore.

Questa meditazione guidata è pensata per manifestare il vostro
sogno interiore nella vita quotidiana.

Seguire questo link
templumdianae.com/bookmp3/

Riferimenti bibliografici
e letture consigliate

- **Numerologia esoterica evolutiva** - Templum Dianae Media - 2023
- **I numeri degli angeli** - Templum Dianae Media - 2023